ジャーナリズムの現場から

大鹿靖明＝編著

講談社現代新書

2276

写真撮影：岡田康且（大治朋子氏は編著者撮影）

はじめに――本書に至る経緯

本書の編著を思い立った直接のきっかけは、２０１１年3月11日の東日本大震災とそれに続く東京電力の福島第一原発爆発事故の取材を通じて感じた今の報道のありようだった。

あのとき記者会見場は、まるでソロバン教室のようだった。つめかけた記者たちは一斉に手持ちのパソコン画面に目を落とし、猛スピードでキーボードをたたいていく。未曽有の大地震が起き、原発が相次いで爆発したというのに、レクチャー担当者のほうに目をむけたがらない。バチバチバチバチバチ。会見場は一斉にキーをたたく音が反響する。

戦後最悪の災害と人類史上に残る惨事がひき起こされたというのに、記者会見ではこんな光景が日常的に繰り広げられた。東電本店で、原子力安全・保安院で、経済産業省で、そして官邸で。そのあまりに異様な光景に驚いた。メモ打ちのためのキーボードに神経を集中すれば、肝心の質問がおろそかになるのではないか、と思ったからだった。

みなＩＣレコーダーを机の上におき一部始終を録音していた。ならば何もタイピストの真似事なぞ、する必要はないはずだった。どの新聞社も放送局も一社あたり数人の記者が出席しているので、なおのこと、そろいもそろってパソコン打ちをする必要はない。

こんなことは２０１１年以前には、あまり見られない光景だった。少なくとも自分が取材にかかわった大きなニュース——05年のライブドアのニッポン放送株取得、06年のライブドア・村上ファンド事件、そして10年の日本航空の倒産——で、記者たちが一斉にパソコン打ちに注力する姿を目にした記憶はない。いたとしても、速報性が問われる金融経済通信社のブルームバーグやロイターの記者ぐらいだったろう。

あれだけの事故が起きたというのに、記者会見に登壇する東電や保安院の担当者はまるで「他人事」のように事態を客体視して伝える。それに挑むべき記者たちは妙に行儀がいい。問いただすというよりもむしろお尋ねする、教えてもらうといった塩梅である。記者たちの姿勢は、隠された真相を暴くという挑戦的なものだったとは言い難かった。「きょうの原発の様子」を教えてもらい、それで定型の記事に仕立ててゆく。

ある日のこと、民放の記者が「俺たちは表にいる連中とは違うんだからさ」と言って、東電の広報担当者に擦り寄るのを目にしたことがある。「表にいる連中」とは、東電本店前で抗議行動をする反原発派の活動家を指すと思われた。「連中」とは違って、俺たち、ものわかりのいい報道機関なんだから、そんなに杓子定規な対応ではなく、少しはサービスしてくれよ――。そう言っているように聞こえた。

やがて東電の首脳の自宅前で印象的な光景に遭遇した。経営責任があり、事故収束の責任者でもある首脳に対して、記者たちはおもねり、おもんぱかる。ある晩の最初の質問は「お身体は大丈夫ですか」だった。そんな低姿勢だから向こうはつけあがる。あれだけの惨事を招いたというのに、カエルの顔にションベン、他人事である。ノブレス・オブリージュのかけらもない東電エリートの首脳。それに対して御機嫌を伺うといった調子の記者たち。かくして報道機関は大本営発表を垂れ流し、マスコミ不信は増幅されてゆく。

記者たちがやたらパソコンバチバチをやりたがるのは、報道機関の内部でメモを回す文化がすっかり定着してしまったからだった。大きな事件や事故では、政治部、経済部、社会部、科学部など複数の部署がかかわり、情報源も政治家、官僚、民間企業など多岐にわたる。だから自分の持ち場の記者会見や取材成果をメモにして仲間内の回覧に供する。

ときとして、こうして集められたメモをもとに記事がつくられてゆく。大した中身でもないのにやたら執筆者の署名の数が多い記事は、たいていこの種のものである。つまり記者たちは「パーツ屋」だった。

素材集めから最終形に仕立てるまでを一貫して請け負う「垂直統合」モデルではなく、メモやパーツ原稿をもとにアンカー役が最終形に組み立てる「水平分業」モデルが広がっている。まるで中国製の安価な家電製品や情報機器のように、没個性で「安さ」以外に魅力のない商品ができあがる。水平分業体制のパーツ屋では、ろくな記者が育たないと思う。パソコンをバチバチ打ち、メモを回しているだけでは、「この問題をやり抜くぞ」という執念や責任感、情熱が生まれにくい。そもそも取材範囲が狭くなるうえ、長い原稿を書く力が身につかない。

定型のチープな記事がインターネットやスマートフォンを通じて瞬時に消費されてゆく。まるでニュースのコモディティ。多くのメディア企業でいま進んでいるのは、そうした事態である。

「いやぁ、せっかく社長の記者会見を開いても、みなさん一斉にパソコンをバチバチ打ち出し、あまり質問しないんですよ」。全日本空輸の広報担当者はそう言って嘆いた。

ソフトバンクの広報担当者は「記者会見をネット上で中継しているせいか、各社さん、質問したがらないんです。うっかりつまらない質問をしてネット上でからかわれるのを恐れているんじゃないですか」と言った。

この数年間、残念ながら現場の劣化は激しい。

はじめに全国紙や放送局の首脳や経営幹部の間で、専制政治、官僚主義、不正行為が広がっていった。経営陣の目を覆わんばかりの劣化や堕落は、やがて組織を汚染し、中間層に伝染し、ついには現場をむしばみつつある。

あれだけ官僚の天下りや政治家の世襲を紙面で批判しておきながら、経営幹部は平気でキー局や仙台あたりの地方局に天下り、自身の子女を勤め先やそのグループ会社に就職させてしまう。しかも、それを恬として恥じない。まるで労働貴族ならぬ「報道貴族」である。こんな上層部の倫理観や使命感の欠落が、組織を汚すのだ。


本書の執筆の動機には以上のようなことがある。悪弊が身についていない若きジャーナリストたちにむけて、腐敗堕落幹部や社内官僚と堕した組織ジャーナリストたちのアンチテーゼとなるような、何か一定の見本を示したほうがいいのではないかと思えたのである。

組織内に指標となる存在がいなくても、自身の属する組織を離れて目を広く業界内に向ければ、「これは」と思えるジャーナリスト（ノンフィクション作家、ルポライター）は点在している。

毎日新聞の大治朋子氏やジャーナリストの堀川惠子氏のように、常に新しいテーマに挑み、優れたレポートを発表する人の方法論は、後進の記者の目標になるだろう。坂上遼（小俣一平）氏のようにNHKを退職後に原点に忠実に創作活動に邁進するのは、中高年社員にとって天下り以外の選択肢を考える良い材料となるはずだ。勤務先を辞めてフリーになろうと思うのならば角幡唯介氏や高橋篤史氏の章をまずは読んでほしい。いったん踏みとどまって長谷川幸洋氏が助言する組織の徹底利用を考えるのもひとつの方策である。

この仕事には意義があり、やりがいがある。先行事例を通じて、そのための基本的な姿勢や方法論を示してみる。いま現役で働く中堅・若手にはいくばくかの「参考書」になるはずだ。そして、この世界に興味をもっている人たちには、新世代の書き手やノンフィクション作品の「入門書」にもなるだろう。

２０１４年８月　　　　編著者

目　次

はじめに――本書に至る経緯　3

第1章　命がけの探検取材から見えてくる「真実」　11
角幡唯介（ノンフィクション作家／探検家）

第2章　経済ジャーナリストとしての矜持　47
髙橋篤史（ジャーナリスト）

第3章　現実主義に立って、論を説く　81
長谷川幸洋（東京新聞論説副主幹）

第4章　タブーに果敢に挑んでこその週刊誌ジャーナリズム　115
安田浩一（ジャーナリスト）

第5章　取材相手に無理強いしない「一緒に考える」という立ち位置　145
大治朋子（毎日新聞エルサレム支局長）

第6章 腕利き社会部記者の「美学」とセカンドライフ——169
坂上 遼〈小俣一平〉（探訪記者）

第7章 生活と作品が連動、子育てと家族の問題を追いかける——209
杉山 春（ルポライター）

第8章 あえて歴史にこだわる理由を話そう——243
栗原俊雄（毎日新聞学芸部記者）

第9章 日経新聞社長と刺し違えたスクープ記者の「挽歌」——271
大塚将司（元日本経済新聞記者）

第10章 文字と放送 二つの世界に生きる 強い使命感が支える驚異の取材力——301
堀川惠子（ジャーナリスト）

あとがきにかえて——ヤング・パーソンズ・ガイド——334

参考・参照文献——349

第1章　命がけの探検取材から見えてくる「真実」

角幡唯介（ノンフィクション作家／探検家）

角幡唯介（かくはた・ゆうすけ）

ノンフィクション作家・探検家。1976年北海道芦別市生まれ。函館ラ・サール高卒、早稲田大政治経済学部経済学科卒。同大探検部OB。2003年に朝日新聞社に入社し、08年に退社。『空白の五マイル』で大宅壮一ノンフィクション賞、開高健ノンフィクション賞、梅棹忠夫・山と探検文学賞を受賞、次作『雪男は向こうからやって来た』で新田次郎文学賞受賞、『アグルーカの行方』で講談社ノンフィクション賞を受賞。

角幡唯介氏はノンフィクションの世界に久しぶりに現れた大型新人だ。いや、新人と呼ぶには失礼、もはや大家の一人といっても過言ではないだろう。書き下ろした本格的なノンフィクションは実質3冊にすぎないのに、受賞したノンフィクション、探検・山岳文学の賞は五つを数える。

角幡氏が差し出した名刺には「ノンフィクション作家・探検家」とあった。探検家を名乗る人は日本で数人しかいないといい、その一人でもある。

胸板が厚い。上着を羽織ったままでも、鍛えた上体がわかる。「アイスクライミングしていますから。それに北極で橇を引いていましたので」。彼は103日間かけて極地の1600キロを徒歩で走破した探検家なのだ。取材による知識・情報だけでなく、自らの探検という生の体験をもとに立体的に構成した彼のノンフィクションは、どれも甲乙つけがたい。本格的なデビュー作となった『空白の五マイル』(2010年、集英社)で大宅壮一ノンフィクション賞など三賞を受賞、2作目の『雪男は向こうからやって来た』(2011年、集英社)で新田次郎文学賞を、そして3作目の『アグルーカの行方』(2012年、集英社)は前2作より技巧が一段と高まり、講談社ノンフィクション賞を受賞した。

斯界に彗星の如く現れた角幡氏は実は朝日新聞社に5年間勤務した元新聞記者でもあった。

――角幡さんの作品はすべて読みました。いまの日本のノンフィクション界では疑いなくトップでしょう。作品を重ねるごとに、磨きがかかっていることがうかがえます。テーマ設定の素晴らしさに加え、文章と構成力の洗練の度合いが増しているように思います。

装丁のデザインや紙の質といった面も含めて、パッケージソフトとしての出来も非常にいいですね。私は音楽愛好家なのですが、昔のピンク・フロイドやレッド・ツェッペリン、イエスは、レコード盤に収められたそのサウンドが素晴らしかったことは言うまでもなく、ジャケットデザインまで含めたトータルなアートとしても秀逸でした。

角幡さんの本には同じような肌触りを感じます。

朝日新聞社の歴史の中で、これだけの高クォリティーの長編ノンフィクションを書き下ろせるのは、私見ですが、本多勝一さん、船橋洋一さんと角幡さんしかいません。すなわち朝日に20～30年に一人出るか出ないかという逸材だったと思います。

角幡　そんなに言われると、お尻がかゆくなってきます。装丁は鈴木成一さんという日本一の装丁家にやってもらいました。

――なんで朝日新聞社に入ったんですか？　朝日入社までの経緯を聞かせてください。

角幡　北海道芦別市に生まれて、実家は地元でスーパーマーケットを経営していたんです。僕は４人きょうだいの長男だったので、いずれ家業を継がないといけないと言われていました。早稲田大学に１９９５年に入学して探検部に入ったのがきっかけになって、登山や探検をするようになりました。97年の北海道拓殖銀行の破綻に伴って実家のスーパーが地場の大手のスーパーに吸収されることになって、それで家業から解放されて自由になったんですね。結局就職活動もせずに大学に６年間いたんです。２００１年に卒業したのですが、はなから探検家になるつもりだったので、就職する気はまったくなく、土木作業でお金を稼いでは外国で登山や探検をしていたんです。そんな状態が２年間続きました。

そうした生活がずっと続くかなと思っていたのですが、実は当時付き合っていた彼女が突然通信社に入社して地方勤務となって、そのときに突如不安になったんです。社会とつながる人がいなくなった不安というか……。それで自分の将来を真面目に考えて、就職先として浮かんだのが新聞社とテレビ局でした。高校時代から松本清張の小説をよく読んでいたんですが、その中に『影の地帯』というのがあり、そこに登場する事件を追う新聞記者の姿に魅了されたこともあって、記者の仕事が面白そうだ、就職するなら新聞社だと思っていました。NHKにはエントリーシートを出したものの、あっさり落とされてしまいましたが、僕の経歴が珍しかったせいか朝日には受かりました。

マスコミ受験のための勉強はあまりしていません。直前に新聞記事をまとめたものを読んだぐらいです。

——角幡さんが新聞記者時代に書いた署名記事はおおむね拝見しましたが、振り出しの富山支局時代の記事からして、後の大成を想起させるような優れたものが多いですね。たとえば、文部省（当時）主催の冬山研修会の開催中に雪庇の崩落に巻き込まれた事故（大日岳事故）について、実際に山の中に入った現地取材をはじめ、裁判の過程などを丹念に追いかけたり、あるいはアユの減少から自然の異変を察知したり、それに、黒部川に造られた関西電力のダムの「排砂《はいさ》」問題という、あまり知られていない問題を発掘したり。当時の富山支局の支局長、デスク（次長）はずいぶん理解がありましたね。

角幡　こういうことをやりたいと企画を提案するとやらせてくれ、仕事はやりやすかったですね。そういう意味では支局長とデスクには恵まれました。これはあまりほめられたことじゃないかもしれないけど、ライバル紙の読売新聞のように「とにかく夜回りして抜かれるな」という感じではなかった。僕にとっては理解のある雰囲気に乗じて好きなことをやらせていただきました。だから、やりたいテーマで記事を書けましたね。

――富山版の連載記事が端緒になって支局の3年生のときに、黒部川の排砂問題を取り上げた初の単行本『川の吐息、海のため息』を出版されますよね。支局の3年生でいきなり初の単独著書を手掛けるというのは、かなり珍しいでしょう。

角幡　僕は登山者という視点から関西電力の排砂問題には「義憤」を感じていたんです。黒部川は、関西電力によってかなり改変されてしまった河川なんです。いたるところにダムがあります。そのダムに堆積した土砂をそのままにしておくとダムが埋まってしまいかねないため、堆積土砂を下流に放出する「排砂」を1991年以降行っているんです。

《『川の吐息、海のため息』によれば、黒部川には関電の四つのダムと国交省のダムの合計五つのダムがあり、関電と国交省は毎年梅雨時になると洪水を恐れて排砂をしている。ダムの堆積土砂を取り除くのは浚渫《しゅんせつ》が一般的だが、急峻な黒部川ではそれができず、専用のゲートを設けて大量の堆積土砂を一斉に下流に放出する「排砂」を、全国で唯一行っている。長くためられた堆積土砂は腐敗化しており、それが流されることによって富山湾の黒部川下流域の海産物は壊滅的な打撃を受けるなど、自然環境と漁業に深刻な悪影響をもたらしている。しかし年中行事化していた排砂へのマスコミの関心は薄く、角幡氏が富山に赴任したころは、あたかも毎年の「風物詩」のように地方版にベタ記事で小さく報じられる程度だった》

その排砂によって山が汚され、海がヘドロで汚されていることに強い怒りを覚えたんです。いつかこの問題を取り上げたいと思っていたのですが、排砂される夏は支局が忙しい高校野球シーズンでした。サツ回りの1年生のとき、そして高校野球取材に駆り出されていた2年生のときは、とてもそれをやる余裕がなかった。そろそろ人事異動がありそうだった3年目になって、「ぜひともこの排砂の現場を取材させてほしい」とデスクに提案したのです。それで新聞（富山版の連載記事「砂と向き合う　黒部川排砂の今」2005年10月9日付〜14日付の計5回）で連載することができ、連載記事を見た桂書房（富山市の出版社）が「本にしませんか」と言ってきたのですね。

連載記事がもとになっているとはいえ、新聞では5回の連載しかやっていないので、約300ページの本は実質的には書き下ろしです。

――この『川の吐息、海のため息』の中で、いまのマスコミのありようを痛烈に批判するところがありますね。全国で唯一行われている連携排砂という異常事態があまり報道されない理由として、「マスコミが思考停止状態に陥っている（中略）。排砂は91年以降、ほぼ毎年実施されており年中行事化した。梅雨の時期に国交省と関電が『排砂を実施します』と広報すると、ほとんどの記者は『あ、今年も始まったか』というくらいにしか感じないようだ」（13ページ）と書かれるなど、本書には随所にマスコミ批判が含まれています。

角幡　このときは、かなり憤りがあったのです。マスコミは関電になめられていると思って。我々マスコミはどうせ刃向かわないだろうという意識が国交省の河川事務所や関西電力には強くありました。彼らがデータを示しても僕らはその数値を見て解釈することができない。データを評価できない記者が、事務局の関電や国交省の担当者に訊《き》いても、相手に「問題ないです」と言われると、それ以上検証する力がないから結局、「問題ない」という言い分を垂れ流すことになってしまう。その構造がおかしいと思ったんです。

《同書は「思考を停止させた報道は体制側にとっても有用で、ときには社会的に害悪であることを私はこの排砂問題を通じて知った。そして、自分自身が他のほとんどの局面で、同じ役回りを演じていることにも気づかされてしまう」（193ページ）とも記している。環境影響評価を担う第三者委員会（「黒部川ダム排砂評価委員会」や「黒部川土砂管理協議会」）があっても、結論はあらかじめ決まっており、関電や国交省にお墨付きを与えるだけ。まるで原子力政策に関する経済産業省の各種審議会を彷彿とさせる。マスコミは、形骸化した第三者委員会や審議会の、誘導された結論を垂れ流しているだけで、犯罪的である》

その構造に僕はすごく疑問を感じて。そもそも排砂は富山に赴任するまで、そんなことがあるとも知らなかったのです。知らないのも当たり前で、最初の一回目だけは全国に報じられたそうなんですが、その後は年中行事化して新聞は全然やらない。地元紙（北日本新聞）は完全に行政機関の補完体制の一翼を担っており、定例行事化している排砂を「今年もやっているよ」という感覚で一応ベタ記事にしますが、それだけでした。

ここで考えるべきは「事実」とは何か、という点だと思います。いまの新聞社は基本的には事実の認定のあり方が非常に甘くて、事実認定を当局や捜査機関、大企業にゆだねているところがあります。ノンフィクション作家の沢木耕太郎さんのノンフィクションの定義「自分が事実でないと知っていることを事実として書かない」に従えば（注1）、はたして私たち記者が書いていることは「事実」なのか。事実認定を役所や警察にゆだねてしまっていていいのかと思うわけです。役所や警察が発表しても、本来は「警察が発表した」という事実でしかないんですが、あたかも発表内容が事実であるかのように書く。本当に事実かどうか検証することもなく、役所が言っていれば事実として書ける、警察がそう言っているから書ける、そういうことがマスコミ・ジャーナリズム内部では不文律としてまかり通っている。これで事実として認定したこととみなしていいのか、と。冤罪報道もそういうことによって生まれてくる。

排砂問題を取材していたときに僕の中には「彼らはウソをついている」という意識があったのです。そのウソをあばいてやろうと。彼らの持ち出すデータとその解釈には恐らく欺瞞があって、それをいろんな人に持ち込んで検証できないかと考えたんです。でも、なかなかそこはうまくあばけず、自分の中でも葛藤がありましたね。

——その後、北埼玉支局（埼玉県熊谷市）**に異動されたんですね。**

注1　「考える人」（新潮社）、2012年秋号、37ページ。角幡氏は沢木氏とノンフィクションについて対談している。

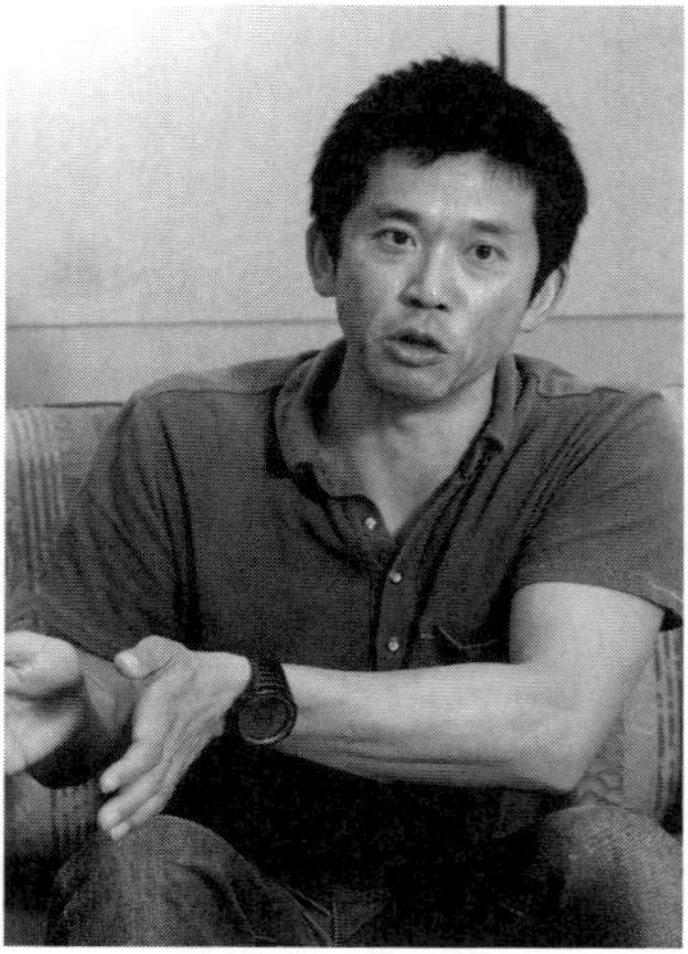

角幡　山があるところがいいと思って、次の勤務先も「山のあるところ」という希望を出していました。

当時のさいたま総局では総局長が「長期連載できる企画を考えろ」と管内の記者に号令をかけて、それで僕が荒川を題材に「荒川新時代」というタイトルの連載を30回ほどしました。貧酸素化が進んだ荒川のヘドロの中をタンクを背負って潜水しましたよ。

——入社して4年生程度で単独で30回も長めの原稿を連載できる若手記者なんて、いまや「希少動物」でしょう。本社のベテランでもこなせませんよ。

角幡　なんか、そうみたいで……。僕のあとは別の記者がちょっとやったのですが、それほど長期間ではなくて、そのあとは誰もやる人がいなかったらしいんです。「何でも自由にやっていい」と言われると、何をやったらいいのか思いつかない、そういう人が少なくないのかもしれませんね。僕は結構やりたいことを見つけて取材していたタイプなので、「自由にやっていい」と言われるといくらでも企画は思いつく方でした。

——そんなに好きな仕事ができたのならば、朝日を辞めなければよかったじゃないですか。

角幡 辞めたのは、チベットの秘境のツアンポー峡谷に挑みたかったのと、新聞記事の体裁や書き方に飽き足らなかったからでした。自分が体験したことを長い物語に書きたかったのです。新聞の1行12文字づめで60〜80行（720文字〜960文字）といった原稿スタイルでは、凝った表現ができないし、自由な書き方ができない。もっと自分の文章を書いてみたかったんです。

朝日新聞社を辞めた最後の年の年収が998万円で、収入的には申し分なかったですね。家賃4万円のアパートに住んでいて家賃補助が2万円くらいあったし、ガソリン代はほとんど会社が負担してくれるし、経済的にいいことばかりでした。ただ、その分、生活の中に、以前の貧しかった頃のような生きることへの手応えみたいなのもなくなった。大学を卒業した後の、土木作業をやって探検家を目指していた頃に戻りたかったんです。退職する2年くらい前から「辞めよう」と思っていたので、本社の希望配属先も適当なことしか書いていませんでした。辞めることを決めてからの2年間で800万円ほど貯めることができて。

朝日新聞社への不平不満はまったくなく、感謝するしかないですね。退職金までくれましたし、今なんか書評委員までやらせてもらっている。それに連載をやっていたことが、本を書くときの書き方の構成のテクニックに役立ったということもありました。5年間の勤務中に荒川の連載、雪庇事故、黒部川の排砂、熊谷市の養蚕業の盛衰史などいろんな連載をやりました。ストレートニュースと違って120行（1440文字）くらいでストーリーを作るので、本を書くときの構成の作り方では役立ちましたね。

——しかし、連載記事といっても制約があるし、新聞の短い定型化した記事と長編のノンフィクションでは、そうとう違いがあるでしょう。長編には長編なりの書き方や技術が必要と思いますが、どうやって長編のノンフィクションの執筆方法を会得したのですか。

角幡　一番苦労したのは文体でしたね。新聞は1行が12文字なので、短いぶつ切りの文章の連続なんです。

長編のノンフィクションを書こうと、いざパソコンでワープロソフトに向かうと、それが1行40字づめで。新聞のぶつ切りの原稿の書き方では全然ダメだとすぐに気づかされました。

支局の同僚記者が「だらだら長く書けば本が書ける」みたいなことを言っていましたが、そういう話を聞くと「全然、わかってないな」と思いますよ。

――『川の吐息、海のため息』はまだ新聞記事の残滓のあるような書き方ですが、『空白の五マイル』以降ではまったく払拭されています。どうされたのですか？

角幡　一番大きな違いは、構成力だと思いますね。『雪男は向こうからやって来た』や『空白の五マイル』は、本を書くことしかやることがない日々を送っていたので、一日10時間以上も執筆にあてることができました。僕は何べんも推敲するんです。ゲラになる前の原稿段階で10回ぐらい。ゲラになった後も2回ぐらいは。

――やっていて飽きるでしょう？「もうこのフレーズ、読みたくない」とか思わない？

角幡　ハハハ(笑)。「もう読みたくない」「読み飽きた」「これのどこがおもしろいんだ」と、自分がやっていることを疑問に思えてしまうくらい、読み直します。

――待遇のいい朝日を辞めてまで、チベットのツアンポー峡谷を探検してみたかったという動機はなんですか。

角幡　朝日新聞社に就職が内定していた2002年から03年にかけて、自分にとっては1回目のツアンポー峡谷を探検したことがあり、それが新聞社に入社した直後に雑誌「岳人」（東京新聞社）で3万字ほどのレポートとして掲載されたことがあったのです。そのときに行けずじまいだった残りの空白部分を何とか踏破したいという思いに駆られて、新聞社を辞めた後の09年に再度探検に単独挑戦してみました。

その記録が『空白の五マイル』なんです。

《『空白の五マイル』は角幡氏自身の探検行に、過去にこの峡谷に挑んだ探検家たちの小史を加えて厚みを持たせた山岳ノンフィクションである。自身の体験がベースとなっている点では「一人称」の視点で書かれているのだが、探検史や峡谷に挑んだ人たちへの取材が手厚いため、「一人称」であるはずの自身も相対化され、あたかも客体視されたかのような描かれ方になっている。「私小説」的な展開に安住しておらず、そこに新聞記者経験の成果を感じ取ることもできる。

そして意外な結末。最後まで飽きさせないストーリーテラーとしての著者の傑出した力量を感じる作品だ》

探検部の先輩のノンフィクション作家の高野秀行さん（注2）の『西南シルクロード

は密林に消える』（2003年、講談社）が、僕が新聞社に入社する直前に発売されて、これにものすごい衝撃を受けて猛烈に嫉妬したんです。「新聞記者なんかやっている場合じゃない」と、そのとき思いました。

高野さんのやっていることはめちゃくちゃなんですが、それをユーモアたっぷりに描く能力が高い。それに僕は猛烈に嫉妬して、新聞記者になって他社に特ダネを抜かれても、この本ほどのくやしさはなかったですね。僕の目標である「こういうことをやりたい」という探検のイメージに近くて、しかもそれを本という形の表現にすることもできていて、「やられた」と思いました。

朝日新聞社を辞めて最初に書いたのは、実は『空白の五マイル』ではありません。その前に『雪男は向こうからやって来た』を書き上げていました。書籍として出版されたのが後になったので、『雪男』が2冊目になりましたが。

《『雪男』は、ヒマラヤに棲息する雪男を追う探検隊に角幡氏自身が加わり、60日間謎の雪男の正体を求めて山中をさまようノンフィクションだ。本書も自身の探検記以外に、過去

注2 角幡氏と同じく早大探検部出身。同部在籍中に『幻獣ムベンベを追え』でデビュー。『謎の独立国家ソマリランド』で講談社ノンフィクション賞、梅棹忠夫・山と探検文学賞受賞。

の雪男発見譚を織り交ぜ、構成力が巧みだ。ミステリー仕立ての意表をつくエンディングまでエンターテインメントとしても楽しめる》

開高健ノンフィクション賞に『雪男』を応募したのですが、僕は落選して、他の方が受賞しました。しかし、集英社の社内選考では評価が高かったらしく、「来年も応募しませんか」と言われて、それで『五マイル』を書いて翌年の開高健ノンフィクション賞に応募したのです。ですから『雪男』は、『五マイル』が出た後に、冒頭部分と終わりの部分を書き直して作り直した作品です。

――3作ともかなりの傑作と思いますが、私は3冊目の『アグルーカの行方』の完成度の高さに感心しました。北極で遭難して129人全員が死亡した英国のフランクリン隊の全滅の謎を、自身がほぼ同じ行程を徒歩で探検することで解き明かそうという、テーマ設定からして意欲的な試みですね。北極でどうやって記録をつけたのですか、パソコンを持っていたのですか?

角幡　行動中はパソコンを持っていけませんので、ノートに手書きです。自分は記憶力がよくないので、とにかくノートにメモをとるようにしていました。といっても行動中はメモをとることはできないので、歩きながらノートに書くべきことを記憶するよう努めました。テントを張ってコンロの前であったまった時に、その日あったことを記録につけるようにします。だから一種の日記ですね。全部で5冊ぐらいになりました。これが結構難物で、ノートをつけるのが大変な作業なんです。1時間ぐらいかかるときもありますから。

——『アグルーカの行方』は、『五マイル』にあったような「若さ」の持つ力から、文章力・構成力の洗練度が増し、プロフェッショナルな技量が優れてきたと思えました。「アグルーカ」という名称の謎、そしてタイトルのつけ方、すべてにわたって計算され、緻密に作りこまれているように思いました。

角幡　自分としては構成とか読み物としてはよくできたと思いますが、結局のところ『空白の五マイル』を超えられなかったな、というのが自己評価です。『アグルーカ』は事前にこういうことが書きたいなと思っていて、ほぼその通りのことが書けた本なんですね。

旅の前に資料を熟読して、旅と本の両方のプロットを計算して出かけた。計画通りに旅が終わっちゃった。だから事前のプロット通りのことは書けたけれど、それ以上のことが書けなかった。ここ（レゾリュート湾）から、ここ（ベイカー湖）まで行って、その話を書きたいなと思っていたのですが、そういう終わりを想像できるようなことは、もうやりたくないとは思っています。どんなところか、まったくわからなくて、それをやるためには何を準備したらいいのかわからないというところに行って、作品を書きたいというのが今の思いです。

ですから『アグルーカ』は旅という行為の部分も含めて考えると、必ずしもよくできたというふうには思っていないのです。読者の中には「一番面白かった」という人も多いし、自分でも面白さという点では一番だと思いますが。なんか『五マイル』を超えられなかったな、と。全体の構成も同じような手法を用いているし。

――ウチの小学6年生の息子も読んでいますよ。

角幡　ホントですか。もっとルビ振っておけばよかったかな(笑)。ルビなんか「ここ要らないよ」と言って取っちゃったから。

――そうとう資料を渉猟しているような印象を受けます。情報収集はどうやって?

角幡　資料は結構集めますよ。『アグルーカ』で集めた資料は半端じゃないです。カナダの図書館でコピーしまくって、結構すごい量。それに本も何十冊も。英語の本だけで40冊か50冊ほどありました。

――この3冊は「三部作」だと思いました。「テイク・イット・イージー」でデビューし、若さとさわやかさを感じさせてくれたイーグルスがその4年後には、「ホテル・カリフォルニア」を発表して成熟した大人に転じたような、そんな進歩を遂げたように思えるのです。

角幡　何度かそういわれました。似ていませんけれどね……。共通点はないですよ。なにか沢木耕太郎さんの「再来」を思いました。新時代の沢木さんというか。

――直近はグリーンランドに行っていらしたそうですね？

角幡　はい。3ヵ月ほど滞在しました。昨年（2013年）冬から北極圏を旅することをテーマにしていて、昨年はカナダに、今年はグリーンランドに行きました。大きな旅を終えたところで最終的には本にしようと思っています。

いままで僕は、自分以外の他者の視点を入れて作品を創ってきたのですが、次は自分の視点だけで物語にしたいと考えています。これまでは書き手としての実力がなかったから、探検の歴史などを絡めないと自分の行動を物語化できなかった。でも今はできるんじゃないかという気がしています。だから自分の体験や自身の私生活を含めて「物語化」して、未知の世界に飛び込むということ、大きな旅を作るということを表現したいと思っているのです。これまでの繰り返しで、同じことをしてもしょうがないので。昨年から行くたびに雑誌に連載させてもらって、今年は夏か秋に連載を再開できると思うのですが（注3）。

今のところ連載のタイトルは「太陽は昇らない」というふうにしています。極地では「極夜」といって地平線の上に太陽が一度も昇らない時期があります。『アグルーカ』のときからずっと「極夜」の季節ってどういう状態なのかなと疑問に思っていました。『アグルーカ』の取材旅行で旅行技術が身についたことも手伝って、やってみたいなと思ったのです。前回の旅が発展して次のテーマが決まってゆくんです。

――ずっと真っ暗？

角幡　月明かりはあったり昼間はほんのちょっと明るくなったりしますが、基本は真っ暗。そこに3、4ヵ月旅したり、とどまったり。他者と接触することなく、まるまるそういう中で過ごした人は、人間がホモサピエンスになって以降、いないんじゃないかと思って（笑）。そういう面白味もあります。

――日が明けたときの喜びはそうとうなものでしょう？

角幡　それがそれほどでも……。だんだん明るくなってくるので、「来るな」というのがわかるんです。行く前は太陽が出たらものすごく感動するかと思ったのですが、それほどでもないんです（笑）。

映画化されたコーマック・マッカーシーの小説『ザ・ロード』を読んで「こういうのをノンフィクションで書きたいな」と思っていたら、僕の深いところで眠っていたのが、学生時代に読んだ『世界最悪の旅　スコット南極探検隊』（アプスレイ・チェリー＝ガラード）だったのです。それで、何もない世界をひたすら歩きたいと思って極夜を旅することにしたのです。

――私生活を含めて「物語化」するというのは、この1年余の間に結婚、出産、育児と身辺が大きく変わったからですか。

角幡　昨年、結婚した3ヵ月後にカナダに行ったときには、ウチの奥さんはもう「今生の別れ」みたいな感じで、互いに感極まるものがあったのです（笑）。ところが、今回のグリーンランド行きではあまりそういうのがなかったですね。それは昨年末に、子どもができたというのが大きくて、彼女も育児で精いっぱいで、そっち

注3　「オール讀物」（文藝春秋）で2013年8月号より「太陽は昇らない」と題して連載中。

に意識が向いちゃってるんでしょうね。

昨年は成田空港のゲートで待っていてくれて感極まる場面があったのですが、今回は成田空港に迎えに来てもらおうと便名を伝えておいたのに、いない。「あれっ」と思って電話したら、「ごめんちょっと遅れちゃった」と。ああ、子どもができたからかなと。僕は前から出産に関心がありまして。それは女性はなぜ冒険に無関心かということにもつながってくるのです。ほとんどの女性が、冒険と聞くと「なんでそんなことをするのかわかりません」というので、「なぜだろう」とずっと思ってきました。

僕の結論は単純で、男は出産しないからだろうなと考えています。出産する女性の方が人間の生と死の秘密を出産を通じて垣間見ることができるのかなと思って。

実は僕も奥さんの出産に立ち会ってみて「自分の冒険行より大変だな」と思いました。彼女曰く「トラックで何回も踏みつぶされるような感じだった」と。

――子どもができて変わった。北極で会いたくなかったですか。

角幡　いや、村に滞在中にスカイプでしょっちゅう見ていました(笑)。ただ、僕の人生と違うもう一つの新しい人生がニョキニョキと生まれて、僕と並行して走りだしたという感じですね。

僕は結婚して、初めて生活のパートナーができた時の方が、意識が大きく変わったと思います。それで作品にプライベートもちょこちょこ交えるようにし始めたのです。

――昨年の講談社ノンフィクション賞の授賞式で、選考委員を代表して挨拶に立った立花隆さんが「いったい、いつまで冒険ものを書くのか」と述べられたときに、角幡さんが「ずっと書き続ける」と挑戦的なスピーチをされたのが印象深かったのですが、今までと路線を変えることをお考えになりませんか？　奥様ができ、子どもができたりし、また年齢も高くなってくると体力的にも衰えたりして、死地に赴くような危険を冒す探検取材が難しくなりませんか。

角幡　同じようなことをよくいわれるのですが、一番やっていて面白いのはこの分野なんです。この分野ならば、自分がプレーヤーになれるし、書くこともできる。だから、そこから無理して外れることはないかなと思っています。関心がないことを取材して書いても、読んでいて面白いものにはならないと思う。

結局ノンフィクションを書くには二つしか方法がないんです。誰か他人から聞くか、自分が見聞きしたことを書くか、です。

僕は取材が必ずしも得意ではない。話すのが下手なんで。口下手なので、相手がちょっと構えますよね。そういう意味では取材して書くというのは向かないと思って……。

――他人から聞いた話でノンフィクションを書くことは、いかがですか。たとえば、沢木さんが『テロルの決算』や『危機の宰相』で取り組んだような。

角幡　やるとしたら、そんな大きな事件でないものをやってみたいですね。いまひそかに企画しているものはあります。「海の漂流者たち」の物語を。

――それこそ沢木さんの再来だ。『地の漂流者たち』の。

角幡　「海の漂流者」について調べて取材して書く。遭難当時は広く報道された話です。調べていくうちにある地域の出身者の話がつながってきて、漂流の裏には沖縄の小さな島の歴史が脈々とあることがわかってきて、これは日本のある時期の文化を貫く物語になるかもしれないと思ったのです。

――失礼ながら、フリーランスとして独立されて朝日の収入を超えることはできましたか？　コストとリターンはいかがですか。

角幡　いまのところ朝日の年収を超えたのは1回だけしかありません。北極旅行には100万円くらいかかりました。年に1、2回冒険旅行をして、あとは日本で執筆する生活です。印税と原稿料、講演、インタビュー謝礼などで、朝日時代の年収の半分ぐらいでしょうか。生活費を含めてトントンです。スポンサー企業から資金を集めようなんてことは一回もしたことがありませんし、する気もありません。ですから資金は自前です。

――ところで、いまのマスコミ、ジャーナリズムをどう思いますか？

角幡　はっきり言って、新聞は面白くないですね。昔だったらもっとキャンペーン報道があったような事件でも、追及の矛先がすごく弱いような気がします。本田靖春さんのような、あるいは朝日のリクルート事件報道とか。大阪地検特捜部の証拠改竄事件も、あれだけの事件なのだから、もっとキャンペーンをやってみたらいいのにと思ってみていました。せっかくのスクープなのに、そういう追及する力が弱いような気がします。

――相手が検察だからでしょう。私がライブドア事件や村上ファンド事件を報道していたころ、社会部の連中が、多少自嘲も込めていたのでしょうが、東京地検特捜部のことを「ご当局」と呼ぶことに違和感を覚えました。

あのころ会社の上司が私のことをこっそりと喫茶店に呼びつけて、「なんとか検察批判を抑え目にしてくれ」と言ったこともあります。「圧力」というのは外からよりも内からかかってくるものなのですね。私は当時「この人(上司)、自分がやっていることが分かっているのか」と、えらく驚きましたよ。

いまの大手報道機関はどこもそうですが、情報を持っている相手に対して「与党化」するんです。それは捜査機関でもあるし、官公庁や大企業、有力な政治家でもあるのですが、与党化することによって当該取材先からいかに早く情報をとるかということに全精力を傾けています。特に社会部持ち場の、検察、警察、国税、裁判所、宮内庁にまるでジャーナリスティックに迫れていない。

角幡　一体化する。記事の主体が、警察だとか役所だとか企業だとかの「権力筋」にならざるをえない構造ですから、情報をもらうためには一体化せざるを得ない。批判しなければならない相手でも、人間、親しくなっちゃったら悪くは書けませんよね。

ところで、記者の醍醐味は「サツ回り」でもあるんですよね。僕は富山支局の1年生のときに警察回りをしたのですが、「サツ回りって運動会みたいなもんだな」と思いました。抜いた、抜かれた、と。面白かったけれども。

僕はいま自宅で朝日新聞を購読していますが、朝日は発表ものが多いですね。

――最近読んだ記事の中で面白い記事はありましたか？

角幡　新聞を読んでいて、歯がゆいですね。特定秘密保護法案の報道は初動が遅くて、大騒ぎしたときにはもう成立間際。読んでいてものすごく歯がゆく思いました。集団的自衛権の問題でも同様な思いです。

朝日に限らずメディア全般に対して思ったのですが、食品偽装問題の重箱の隅をつくような騒ぎ方には違和感を覚えました。なんでこんなどうでもいいことを追及するのかなと異様に思いました。社会全体の息苦しさや不寛容さを助長するだけの効果しかないように思えて。社会を萎縮させる結果にしかならない。報道すればするほど世の中が悪くなるんじゃないかと思いましたね。

――たたきやすい食品メーカーはたたきのめして、その半面、安倍政権には切り込まない？

角幡　そうですね。

――あと新聞は記事が常に受動的につくられ、企画力が少々弱い。主体的に掘っていく姿勢をもつ記者、編集者が少ない印象を受けます。

角幡　人材育成がまずいんじゃないですか。ジャーナリストは義憤みたいなものが背骨にないとダメじゃないかなと思います。

そういえば、ボーン・上田記念国際記者賞をとった朝日新聞の奥寺淳さんの記事のいくつかは、今でも印象に残っています。奥寺さんの中国報道は、いつも当局に監視の目を光らせている感じで、読み応えがあります。

僕は朝日新聞社に5年間勤め、いろんな同僚や後輩を見てきましたが、なにか自分に「背骨」みたいなのがある人は少ないな、という気はしますね。何を報道するのでもいいのですが、何かあったときに自分が反応する「背骨」のようなものがないと反応しようがないのではないか、と思います。自分を形成する背骨みたいなものが新聞記者にないといけないのではないか、と。

――いまのマスコミのリスクを忌避する姿勢をどう思いますか？　戦地や、原発の周囲に人を潜入させない。行くのはフリーランスの記者ばかり。

角幡　僕は行かせるべきだと思います。チベットで暴動が起きたら中に入るべきだと思う。ネパールから山を越えて入る新聞記者がいてもいいと思います。チベット報道に関していえば、いつも中国当局主催の取材ツアーみたいなのに参加して、それをルポとして仰々しく書いていますよね。そんな官製取材には何の意義もない。行儀がよすぎるんですよ。報道の大義があって私たちはこれを報道する必要性があると説明できればいいと思うのです。

イラク戦争のときに外報部員を危険地域に会社の責任で派遣して、その外報部員が不幸にも殉職したら、社長と外報部長が遺族のもとに行って、なぜ彼はイラクに行かなければならなかったのか、それを説明できればいい。警察は危険を冒して捜査しているのに、なぜ記者はできないのか、いまいち腑に落ちない。なんで一斉に大手は引き揚げてフリーに任せるのか、そういう下請け構造はおかしいと思うし、行きたい記者は社内にきっといるはずでしょう、なんで行かせないんですかね。報道が民主主義に不可欠だという立派な大義を語るのなら、それぐらいの覚悟があるべきでしょう。

――一般的に新聞社は上に行けばいくほど内弁慶な組織ですよ。

角幡 それはすごく役所的ですね。

――小サラリーマン的というか。

角幡 チベットに入るのも、原発事故の立ち入り禁止地区に入り込むのも、記者として行動の整合性がとれていればいいと思います。マスコミ内の人からは「知らないやつが勝手なことを言ってんじゃねーよ」と言われるかもしれませんが。

それと違和感を覚えるのは、記者会見でのパソコンをバチバチ打つ姿です。僕はおかしいと思っていて。記者会見は本来対決の場なのに、相手の言っていることを要領よくまとめるだけの場になっているんじゃないかと疑いますね。相手の言っていることをきれいに整理してメモをあげればいいという効率性ばかりを求める思考回路になっているのですかね。

あんなことをやっていたら質問することに身が入らないし、質問ができなくなるのではないのですか。

――記者会見が儀式化している。夜回り取材も「夜のぶら下がり会見」化しています。若い人たちは記者というよりも、オペレーターという感じがします。

角幡　一人の人間が最初から最後まで付き合うことによってストーリーとして見えてくることがあります。大手紙の新聞記者は、一般的にフリーランスの記者よりも取材しやすく、当事者にアクセスしやすいので、僕らに書けないことが書けるはずです。どうせならば、そうした利点を生かしてしっかりしたノンフィクションを書いてほしいと思います。

――もし、朝日新聞の記者を続けていたら、どうなっていたでしょう？

角幡　僕は特ダネをとれる記者ではないので、ふつうの記者で終わったのではないですかね。新聞社って結局、情報をとってくることが重宝されて、どう書くか、何を書くかは二の次になっていると思います。僕はそういう「情報をとってくる」記者ではないので。

――朝日に戻って来ないかと言われたら？

角幡　いまさらどのツラ下げていけますか。さすがにそういう気はないですね。もう自分は新聞で何かを書くタイプとは思っていません。字数の制約があるので書きたいことが書けませんし、一つのテーマを物語化する方に興味が移ってしまったので。

したがって、いまは書く場所は文芸誌になっています。週刊誌もエッセイ程度の分量しか載らないので、長いものを書かせてもらえるところというと文芸誌しかないのが実情なんです。

（インタビューは２０１３年２月27日、２０１４年５月19日）

角幡唯介氏の主な著作

『川の吐息、海のため息』（2006年、桂書房）
『空白の五マイル』（2010年、集英社）
『雪男は向こうからやって来た』（2011年、集英社）
『探検家、36歳の憂鬱』（2012年、文藝春秋）
『アグルーカの行方』（2012年、集英社）
共著『地図のない場所で眠りたい』（高野秀行との対談本。2014年、講談社）

角幡氏おすすめノンフィクション

●ジョン・クラカワー『荒野へ』『空へ』……アラスカで餓死した男を描いた『荒野へ』、エベレスト登山の悲劇を書いた『空へ』にすごく影響を受けました。クラカワーはジャーナリストとしてもクライマーとしても優秀で、書けて動ける典型の人。一時期はあこがれの人でした。

海外の翻訳物のノンフィクションにかなり目を通します。学生時代にマイケル・ギルモアの『心臓を貫かれて』を読んで衝撃を受けました。近年で最高だと思った作品はローレンス・ライトの『倒壊する巨塔』。

●本多勝一の一連の著作……大学生時代に黒いカバーの朝日文庫で何冊も読みました。探検部をつくった先人で、しかもカナダとかニューギニアとか、振り返ると僕が行ったところはだいたい本多さんが先に行っていました。学生時代に本多さんを愛読した最後の世代かもしれません。本多さんの探検論には、ホントにドップリつかりました。

●沢木耕太郎『一瞬の夏』『テロルの決算』……文章の書き方で影響を受けました。こういう書き方もあるんだ、と。『テロルの決算』は事実をある一点に収斂させることで、物語にどれだけ緊迫感が出せるかを示す好例だと思います。

●辺見庸『反逆する風景』『独航記』……『もの食う人びと』が有名ですが、この2冊もおもしろかったですね。特に『反逆する風景』では一瞬のシーンの切り取り方、また風景はこちら側の意味や解釈を無化するというテーマ設定自体に、究極のノンフィクションの姿が書かれていると思いました。

第2章　経済ジャーナリストとしての矜持

高橋篤史（ジャーナリスト）

高橋篤史 （たかはし・あつし）

ジャーナリスト。1968年、愛知県春日井市生まれ。東北大工学部に入学したものの早稲田大教育学部に入学し直し同大卒。93年に日刊工業新聞社入社、98年に東洋経済新報社へ移り、ゼネコン業界などを担当。2009年に同社を退社し、フリーランスのジャーナリストとして独立。近著の『凋落　木村剛と大島健伸』は新潮ドキュメント賞の候補作になった。

経済ニュースの取材はともすれば、官公庁や大企業に寄り添うものとなりやすい。情報源である官公庁や大企業の機嫌を損ねないよう、記者は相手と仲良くなることに傾注し、情報源がいずれは発表する内容を少しでも早くつかむことばかりにしのぎを削る。いきおい筆致は発表主体の意向を体しやすい。日本興業銀行、第一勧業銀行、富士銀行の三行統合（現みずほ）という新聞協会賞を受賞した日本経済新聞のスクープも、いずれは発表になって明らかになることをちょっと前に書いただけといえる。ビジネスニュースの「スクープ」にはこの類が多い。

取材対象の大企業は、経済記者が属する新聞社や放送局にとっては大きな広告主でもあるため、記者たちはいきおい企業に対する批判的報道は躊躇《ちゅうちょ》しがちになる。上司に告げ口され、社内における人事上の不利益をこうむりたくない、さらには、報道機関を萎縮させるのに最も効果的な方法である「広告の出稿停止」を恐れ、記者たちの腰はひけ気味だ。

そうしたなかで「週刊東洋経済」の高橋篤史氏（2009年に退社して現在はフリーランス）は、ビジネス誌の記者でありながら取材対象の企業の提灯記事を書かない珍しい存在だった。しかも社会部の記者たちのように警察や検察、国税や証券取引等監視委員会といった公権力の力に依存せず、企業犯罪や経済事件の「闇」について自力で発掘・調査し、報道してきた稀有の記者だった。損害賠償請求訴訟の提起（しかも請求額は次第に高額化している）という返り血を浴びるリスクが高いにもかかわらず、その姿勢は変わらない。

――もともと日刊工業新聞のご出身ですね。どういう経緯で日刊工に？

高橋　早稲田の学生時代に読んだ本多勝一さんや鎌田慧さんに惹かれてマスコミ志望になり、朝日や毎日をはじめ大手マスコミを一通り受けたものの、箸にも棒にもかからず、合格したのが日刊工業新聞だった（笑）。同じ「新聞」と名前が付くものだから、そう遠くかけ離れてもいないだろうと思って入ったのです。

日刊工は、業界紙とはいえ、産業界のほぼ全分野をカバーしているという、ちょっと特殊な存在でした。業界紙にありがちな編集と営業が一体化するということはなく、編集と営業は一応区分されていた。業界に対してネガティブなことを書かないのが業界紙の通例ですが、まったくそれができないわけでもなかった。部長やデスクはあまり載せたがらなかったのですが、何度か交渉すれば、辛口の記事を載せることもできました。

振り出しの名古屋支社編集部時代（1993〜94年）の担当企業に、たまたま技術者派遣のメイテックという会社（後に創業者の関口房朗氏が競馬に傾倒しすぎて解任される）がありました。そのころ派遣労働は、専門職種に限定して86年に解禁されて間がなく、かなり新鮮な取材対象だったので、デスクと侃々諤々《かんかんがくがく》のやりとりをしながら、そのマイナス面を中心に5回の連載記事でまとめたりしました。

そのあとの95年3月から96年2月まで富山支局にいました。富山支局で日常取材の間に「何か面白い取材対象はないかな」と思っていたら、関西電力の「出し平ダム」というのに出会ったのです（第1章を参照）。学生時代に読んでいたのが本多勝一さんで、しかも中日新聞王国の愛知県出身なのに実家がとっていたのが朝日だったこともあり、環境問題に興味を持ち続けていましてね。当然、取材のスタンスは環境保護第一の「環境問題純情派」で（苦笑）。

書いた記事はデスクの手が入って、やや中立に寄ったものの、報道する姿勢は環境第一、ダムからの排砂反対でしたね。

実際に試験排砂が始まる前までは地元のマスコミもそれほど盛り上がっていなかったのですが、そんなころから取材を始めて記事を書いていました。いざ試験排砂が始まると、物理的に、絵的に、海が泥水で汚染されていく様子がはっきりとわかるのですね。それで各放送局が取り上げて全国ニュースになったのですが、この過程を通じて「自分は記者だな」という自覚を強くもったのです。社会の片隅に埋もれていた問題を自分が発掘して報道して、やがて全国ニュースになるような問題として広く認識されていく過程を体験し、これがいわば自分が記者であることに気づかされる「原初的」な体験でした。

大手紙に顕著なことだと思うのですが、記者によっては最初から大きな問題を手がけたがる人がいると思うのです。何となく世間的に大きなニュースと思われる問題の取材にかかわって「自分は大きな取材をやっているんだぞ」と思い込むのとは違って、僕は「三流」新聞社の田舎の支局で実質的な記者生活がスタートしたので、発想がまるで違うんですよ。

――日刊工にはほかにもそういう記者がいましたか。

高橋　社内を見回しても僕だけ（苦笑）。あと、ほかに1人か2人。

富山で1年間働いて、その次は岐阜支局に行きました。96年3月から98年2月にかけてのことです。そのときも似たような経験をしていて、日常取材のかたわら自分がやりたいことを探したところ御嵩町《みたけちょう》の産業廃棄物処分場計画に遭遇しました。柳川喜郎さんというNHKの解説委員だった町長がいて、産廃計画の白紙撤回を申し立てていたのです。柳川さんが町長になって前町長と業者の密約を暴いたのが大きく中日新聞に報道されたものの、それから1年たって僕が赴任したころには問題はやや下火になっていて、そんなときから取材を始め、記事を書いていったのですね。その直後96年10月に柳川町長が襲われる大きな事件が起きて（注1）、住民投票条例制定への動きが加速し、さらに住民投票が行われて産廃反対が圧倒的多数を得ました。こうやって問題が大きくなっていく過程をずっとみることができた体験が大きかったですね。

——普通ならば担当業界にどっぷりつかって、相手と仲良くなることに一生懸命になるんじゃないですか。

高橋　うーん。そこは生まれ持った性格というか……。斜に構えて社会を見てしまう、人と同じことをするのが好きではない、他人と群れるのが好きではない、と。

僕はずっと思ってきたのですが、経済記事ってどの記事も所詮、宣伝ですよ。新商品の発表、新規事業、経営方針やM&A、あるいは社長交代だって書きようによっては企業の宣伝になる。

それに経済記者というのは普通、他紙よりも半日でも一日でも早く書くことが求められ、そのために担当企業の広報担当者と仲良くなって役員や社長のアポイントメントを入れやすくしてもらうようにする。それに夜回り取材をやって、家に上げてもらえるよ

注1　犯人は検挙されないまま、2011年に公訴時効を迎えた。

うになって「明日発表するから朝刊に書いていいよ」と言われて、「特ダネ」と称して書く。

それが経済記者の普通の取材なんですが、僕はそれに満足できなかった。基本的には企業のヨイショでしょ。宣伝したいならばお金払って広告打ってくださいよ、と。

――いつごろからそのマインドを？

高橋　最初からです。

――でも「少しは食い込め」と上司から言われませんでした？

高橋　言われましたよ。だからやっていました。夜回りして、二部上場ですが社長の交代人事を抜いたりして。それなりに楽しかったですよ、ゲーム感覚で。ゲーム感覚の「抜いた」「抜かれた」はそれ自体は否定するものでもない。そこから真の意味のスクープが生まれることはありますから。

――みんな、そこ止まりじゃないですか。どうしてそれにとどまらなかったのですか。

高橋　わからないな……。性格かな。イヤーな性格（苦笑）。他人から嫌われるのがそんなに苦ではないという。だから企業にとってネガティブなこともどんどん調べて書いていこうという。

――そのあと東洋経済新報社に転職されて。

高橋　そうです。日刊工業新聞社を岐阜支局を最後に辞めて、98年4月に東洋経済新報社に入りました。

東洋経済は、基本的には年に4回発行されている「会社四季報」の記者（四季報記者）をやらないといけないのです。日本にある3000社以上もの上場企業を、業界ごとに担当記者に割り振って、東京だと1人で50～60社を担当しますね。関西支社（大阪）や名古屋支社の記者だと80～90社も受け持ちます。そのカバーしなければならない担当企業の短評の執筆と業績の予想数字を考えることを任される。

当然、そんなことは面白くない。「会社四季報」をやりたくて記者をやっていませんから、単純に楽しくない。それに、「四季報」の取材は、最終的には会社の出している業績予想よりも上を行くか、それとも下に行くかだけなので、多面的であるはずの企業に対する見方が短期的な業績予想に縛られてしまうんですよ。僕はこのことを社内で「四季報脳」と呼んでいました。

僕は最初の2年間はゼネコンを担当し、「四季報」をやりながら「週刊東洋経済」や「金融ビジネス」（かつては月刊だったが現在は休刊）に書いていた。でも社内的にはデューティーワークは「四季報」で、「週刊東洋経済」とか「金融ビジネス」で独自取材モノを書くことは余技ですよ。

でも僕は、それが記者としてのレゾンデートルだった。自分が発掘してきた話を署名入りで書いて世の中に知ってもらいたい。それが醍醐味でした。でも社内全体では少数派でしたね。基本は企業や業界に張り付くので、広報担当者に嫌われたくないマインドになる。僕は嫌われてもいいという思いで書いていましたね。

――それで余技のほうが楽しくなった？　転機は『ドキュメント　ゼネコン自壊』（2002年）でしょうか。

《『ドキュメント　ゼネコン自壊』は、大成建設の経営幹部の派閥抗争などゼネコン各社の経営史を振り返るものとしても面白いが、白眉なのはそうしたゼネコンから多額のカネを引き出していったアンダーグラウンドな人間たちの行動を詳述している点だ。しかも全部実名でだ》

高橋　もともと不良債権問題を取材したくて、その切り口がゼネコンだったわけです。大手紙を中心にほとんどのマスコミは「貸し手」である銀行を問うていったのですが、僕は、借り手がどういう人たちだったのかというのに興味をひかれていったのです。それが問題の根っこだったからです。冷静になって考えると、何でこういう人が金を引き出せたのか、という人たちばかりで、バブルに狂っていたとしか思えません。

《同書によれば、フジタが大分・熊本両県の地熱発電開発に約600億円もの資金を投融資するようになったのは、内田元亨《うちだげんこう》という元通産官僚の存在が大きい。鋳鍛造品課長を最後に退官した内田は「わざ」という会社を興し、フジタは、地熱開発にまったくノウハウや実績のない「わざ」を頼って巨額資金を振り向けていった。旧通産省を揺るがした4人組騒動で、内田は、熊谷弘通産相（当時）や4人組に影響力を有したといわれ、やがて地熱開発問題の処理が顕在化するさなか、自宅の浴室で倒れ、帰らぬ人となった。

地上げ屋の松田鐵雄は青木建設やノンバンクから資金提供を受け、「1000億円以上のカネを扱ってきた」と豪語した男だが、それらのほとんどが焦げ付いた。彼を知る人物は「松田さんに流れたカネはどこかに溶けて消えちゃうんですよ」と語った――とある》

――『ゼネコン自壊』とそれに続く『粉飾の論理』『兜町コンフィデンシャル』は、いずれも経済活動の「周縁の人たち」の生態を解剖しているように思います。「四季報」には登場しないような方々ばかりですが、そのモチーフはどういう点にあるのですか？

高橋　僕が記者になったのは93年で、バブルがはじけて、日本全国津々浦々、不良債権問題一色でした。いま振り返ってみれば、経済取材の特殊な時期だったかもしれませんが、企業にとってネガティブな記事を書くことがむしろ本流だった。不良債権の中身はどういうものなのか、それを調べて書くというのが、りそなやＵＦＪの処理が終わる２００４年ごろまでの経済取材の傾向でした。

そういう時代だったので、自分がことさら特異なことをやっていたわけではない。むしろ経済取材の主戦場だったんです。

そこで不良債権問題の「借り手」はどういう人たちなのかを観察の対象にしていくと、彼らなりのビジネスをしているアンダーグラウンドな人たちの裏のネットワークの存在に気づかされるんです。そうした裏のネットワークは有機的に結びついていて、表の企業で問題が起きると、裏の人たちが表に出てくるようになる。その典型例がイトマン事件です。

そういうアンダーグラウンドな人たちが不良債権問題のあとに活躍の場を求めたのが、ITバブル以降の株式市場だったんです。こうして現れたのが「現代の仕手筋」です。

《高橋氏の2冊目の著書『粉飾の論理』は、カネボウが取引先の興洋染織を使って繰り広げてきた粉飾決算事件や、時代の寵児だった堀江貴文が率いたライブドアが株式交換の手法で発行した自社株を換金して売上高・利益に計上する粉飾決算事件を取り上げている。その続編的な『兜町コンフィデンシャル』では、「兜町の風雲児」といわれた中江滋樹の消息から始まり、黒いうわさが絶えなかった東証マザーズ上場1号銘柄のリキッドオーディオジャパン、ライブドアを真似た錬金術を繰り広げたアイ・シー・エフ、光通信の出資先だったクレイフィッシュなど、株式市場を悪用した犯罪や怪しい取引の解剖を試みた。一見華やかに見えたITベンチャーの裏面史を描いたともいえる》

昔の仕手筋は、取引所で売買されている株式を相場操縦的なやり方で買い上げていって、最後は売り抜けて利ザヤを抜くという単純なやり方でしたが、ITバブルの2000年前後からは経営不振の上場企業に入り込んで新株や転換社債を発行させて、M&A

などを装って集めた資金を自分たちで手にするという金融的に高度な手法が増えました。そうやって、最終的には入り込んだ企業を食いつぶしていく。しかも、彼ら「現代の仕手筋」への資金の出し手が暴力団やその周辺者だったんです。

こういう取材で、会社側がしゃべりたがらないのをあえてほじくっていく、相手が隠していることをえぐることにある種の快感を覚えましたね。

――そうした取材では危うい目にあいませんか？

高橋　ヤクザから電話がかかってきたことはありましたね。「住吉会系のダレソレだけれど」と名乗って、抗議を受けたことはあります。

（私が恫喝を受けたことのある、とある上場企業の社長からは）僕も恫喝まがいのことを言われたことはあります。取材に出かけると10人ぐらいがずらりと勢ぞろいしていて、「（ライバル誌の）ダイヤモンドには裁判を起こしているぞ」と脅されまして。「いえ、裁判は慣れていますから」と答えました（苦笑）。

裁判はこれまでに4件ほど起こされたことがありますよ。日本の場合、名誉毀損訴訟の原告には挙証責任が課されません。記事が間違っていることを証明する必要がないのです。だから記事に書かれたことが客観的事実であっても「名誉毀損だ！」と言いたてれば、簡単に裁判を起こすことができる。SLAPP訴訟（イヤガラセ裁判）が多発する背景がそこにあります。たいていの場合、企業のほうがお金を持っていますから。

——裁判起こされたら嫌になりませんか？　会社（東洋経済新報社）も嫌がるでしょう。訴えられて、自身が萎縮したり、「週刊東洋経済」の編集部が高橋さんのことをもてあましたりしませんか。

高橋　4回も起こされているせいか、いまでは訴えられても精神的な痛手になるということはないのですが、準備書面を用意するために資料をまとめたり、陳述書を書くために弁護士から長時間にわたってインタビューを受けたり、そういうことで時間を費やさないといけないのが困りますね。それによって前向きなことに時間が割けなくなるので。

東洋経済の中ではむしろ「高橋は好きなことを書いている割には訴えられないな」と言われていたんですが、いろいろと問題のある監査法人のことを2005年に書いたら訴えられました。いわゆる「ハコ企業」（注2）の監査を専門的にやっているところで、

注2　怪しいアンダーグラウンドな経済人が乗り込んで会社資産を食いつぶしたり、株式や債券を発行して食い逃げしたりするのに使われる上場企業のこと。

そこが1億円の請求で訴えてきたんです。でも、こちら側が準備書面を1回出した程度で、半年もたたずに向こうが訴えを取り下げてきました。

その次に大証二部上場のシグマ・ゲイン（注3）から訴えられました。請求額は5億円です。もともとは中川無線電機という家電量販店だったのですが、そこがヒルズバブルのころに投資会社に変貌して経営陣も総入れ替えになり、周辺に投資組合をいっぱい作って不透明な金銭のやりとりをしていたのです。相場操縦の指南役として逮捕された人物とも関係がありました。大証もおかしな会社だと思い、上場廃止にしたかったようなのです。それで大証が、「週刊東洋経済」など経済誌に載っている記事をもとに「ここに書いてあることは本当か」とシグマ・ゲインに迫ったようなんですね。大証が「裁判を起こしてでも身の潔白を証明せよ」と追い込んだらしく、それで窮鼠猫をかむように本当に裁判を起こして身の潔白をあかそうとしたという（苦笑）。結局、編集後記に読者が見たら何のことかわからないような「お断り」と題する短い記事の説明文みたいなものを載せることで和解したのですが、そのあとシグマ・ゲインは上場廃止になりましたね。

その次が、過払い金返還請求バブルを記事にした際に、とある成長著しい法律事務所から訴えられました。このときは、こっちのネタ元が誰なのか探ろうとしているな、という印象を受けました。これも実質的には原告側の取り下げで終わりました。

4回目が、２０１１年のオリンパスの事件に関する記事で、オリンパスの粉飾決算と外部の協力者がかかわる人脈を書いたところ、その中の１人から訴えられました。一審判決は原告の訴え棄却、控訴してきましたが控訴審でも原告の請求棄却で終わっています(注4)。

そういう訴訟リスクがあるので、取材の過程では、たとえば数字は何度も問い返して念を押します。それに基本的には証言だけで記事をつくらない。話し手の記憶には間違いも多いし、人によっては誇張されていたりする。引用するカギカッコ内は、その人が受けた印象などに限定して、カギカッコ内に事実関係を盛り込まない。基本的な事実関係は、別の話し手の証言と突き合わせたり、取材で得た証言とは別に入手した資料をも

注3 その後、ユートピアキャピタルを経てサンライズ工業に名称変更。

注4 このインタビュー後、都内の大手病院グループとその理事長から訴えを起こされ、裁判経験は都合5件になった。対象となった記事は千葉県内の医療法人をめぐる不正リースにかかわるもので、その医療法人は直前まで大手病院グループの傘下にあった。

とに構成したりするようにしています。つまり証拠となる紙にできるだけ依拠するようにしています。

企業の経済的利益に直結することを書けば、相手方が遮二無二なって反発してくることはままありまして、「四季報」で担当していたグッドウィル・グループはその典型例でしたね。僕は、介護事業の急拡大をいたずらに追い求め、株価をあげることに血眼になっている折口雅博会長の経営者としてのあり方には批判的だったので、彼らの出してきた業績予想を鵜呑みにせずに、厳しめに書いたところ、先方のIR担当から編集部に対して執拗な抗議があって、「あの記者を代えてくれ」と。でも、会社側はえらいもので、代えませんでしたよ。

――そういう気概が報道機関全体で失われてきていませんか? 訴訟はもとより抗議や苦情に恐ろしくナーバスになってしまい、安全運転しかしなくなっています。

高橋 そういう業界全体の空気は感じます。とりわけ雑誌ジャーナリズムの衰退を感じますね。「FACTA」ぐらいですよ、がんばっているのは。

《高橋氏の4冊目のノンフィクション『凋落』の「あとがき」では、木村剛の振興銀行事件について雑誌に発表の場があまりなかったことを指摘し、「媒体の『受け』が極めて悪かった（中略）早くから報道が大量に行われていれば（中略）損害も少なく済んだはずであり、忸怩たるものがある」（283ページ）と振り返っている。そうなった背景に「雑誌ジャーナリズムの劣化」を挙げ、「過度のマーケティング志向と、名誉毀損訴訟の頻発・高額化による萎縮とが、そこには横たわっていると思う」と記している》

一般の雑誌が、経済用語や金融用語が頻発するような小難しい話を敬遠する傾向がきわめて強くなっていると思います。まず、編集者が非常に不勉強なことが多く、テレビ番組のワイドショーに企画のコンセプトを頼りがちなんです。新聞やテレビに先んじてゲリラ的に挑まなければならない雑誌ジャーナリズムが、テレビの高視聴率企画のおこぼれにぶら下がっている。

あまりリテラシーのない読者にも受け入れられようと、非常に単純明快な勧善懲悪の構図とかにしたがる。だからすごくわかりやすい構図に落とし込まないと、編集部的には載せたくないというふうになってしまう。特にザラ紙系の一般週刊誌はその傾向が強くて、編集長の一声により企画段階で記事の方向性が決まってしまい、そこに見合うコメントをくっつけていくという作業になっています。ある週刊誌の有能な編集部員は一日中、社内で電話をかけまくりコメント取りをしている若手部員の姿を見て、「テレアポ取材」と自嘲していました。僕のところに来る多くの編集部員は、矛盾を感じつつ日々の仕事に追われている感じです。

——私もそれを痛感しています。以前私が在籍していた週刊誌も、次第にワイドショーの影響を強く受けて誌面づくりをするようになっていきました。かといって新聞も報道が非常に図式的なんです。世の中の複雑な事象を、思い切り捨象してしまうから、浅薄になってしまう。しかもそうすると、真相からかけ離れていってしまいます。

高橋　僕もそう思う。いまのジャーナリズムを覆っているのは、わかりやすいニュース解説を求める「池上彰」化ですよ。

池上さん自身の功績は大いにあるとは思いますが、あまりにそればっかりだと読者のリテラシーが一向にあがってこない。それどころか今の読み手は、書き手に対して「もっとわかりやすく解説してくれ」とか「どうすればいいのか答えを教えてほしい」と求めてばかりいるようになってしまう。かつての読み手はもっと向上心、向学心をもって書物に触れていたと思います。

ビジネス書で売れているのは、企業のインサイドストーリーではなくて、自己啓発本やハウツー本ばかりです。

もともと、作り手側に起因する誌面の劣化があったのは事実ですが、それ以上に進むマーケットの劣化に対し、いまのジャーナリズムが無批判に追従している面があるのではないでしょうか。個人的には「知のデフレスパイラル」と呼んで危惧しています。

どんなにわかりやすく書いたつもりでも、わからない人はいるでしょう。あるいはどんなに取材しても、わからないことが残ることがありうる。それなのに、そうしたことを捨象したら、真相からどんどんずれていってしまう。

朝日新聞にも池上さんのコーナーがありますが、ああいう意見にあまりにも引っ張られすぎて紙面がつくられているような気がします。最近の紙面はやたらQ&Aのコーナーが多すぎる。1行あたりの字数が減ってきて、1本あたりの記事の情報量が減ってきているなかで、そういう過剰に丁寧すぎる文章表現をしていると、伝えないといけないことを伝えることができない。読んでいても、記事のあまりに平板な内容に、こっちは拍子抜けしますよ。

最初テレビに始まって、それが新聞に押し寄せてきて、ついには出版界も花盛りになっている。僕は東洋経済のころ後輩たちに「読者が求めているものだけを提供するのは娯楽・エンターテインメントだ。読者がかならずしも望んでいないものでも、社会的に必要性があれば、提示するのが僕らジャーナリズムの役割だ」と口を酸っぱくして言っていましたよ。でもそうすると売れない、食えない。結局、「週刊東洋経済」で売れる号も、毎年4月の新入社員むけに組む特集の「日本経済入門」とか、そういうのになっちゃうんです。

——展望開けませんね。

高橋 僕は悲観的です。

——ところでエース記者で自由に取材でき、ノンフィクションも執筆できたのに、なんで東洋経済を辞めたのですか？

高橋 いろいろと複合的な要因があるのです。

東洋経済の最後の1年半は、ニュース面のデスク兼記者をしていたのですが、読者アンケートをすると、手間をかけた調査報道のような記事は反響が少ない半面、パナソニックとかトヨタという誰でも知っているような大企業を書いた記事は、たとえ中身が薄くて日経のコピペみたいな記事だったとしても反響があるのですよ。僕が「これは、いい」と思える記事に反応があまりないので、「最近の読者は読み込めていないのではないか」とずっと思っていましたよ。

40歳代になると、外を取材で駆け回るよりも、どうしても編集部の中の仕事を求められることが多くなりまして、雑誌の企画段階からかかわるものだから経営との距離が非常に近くなって、どうしても売ることが求められてしまう。そうなると、相続税特集とか鉄道特集とかマーケットを過剰に意識したものをやらざるを得なくなります。そういうのは自分のやりたいこととは根本的に異なっており、将来の自分の姿を想像するだけで次第に苦痛に思うようになりました。

それに気前よく取材して記事を書く記者には仕事がものすごく集まる一方、働かない人も同じ額の給料をもらって、「四季報」さえやっていれば「あとは知りません」みたいな仕事のやり方で済んでしまう。そういう悪平等的な体質にも嫌気がさして……。同じ空気を吸っていたくない、というか（苦笑）。

いま言ったような「後ろ向き」な理由のほかに、辞めるにあたっての「前向き」な理由もあります。「週刊東洋経済」は、純粋な経済誌なので、当然ながら、その枠を超えるような仕事はなかなかできない。それで従来の経済誌の領域を超えた取材をしてみたいと思ったのです。そこが唯一、前向きな退職理由です。

――その領域を超えた仕事をいまされている？

高橋　そうですね。継続して追いかけているのはいま、創価学会ですね。

――なんでまたアンダーグラウンド経済から創価学会に？

高橋　2004年にヤフーBBの顧客情報が大量に漏洩し、それをネタにソフトバンクを恐喝した人間に創価学会の関係者がかかわっていたという事件がありましてね。

――ありましたね。共産党の宮本顕治委員長宅を盗聴した創価学会の実行グループのメンバーが、ソフトバンクの顧客情報流出・恐喝未遂事件にもかかわっていました。私も当時「アエラ」に書きました（2004年3月8日号「ヤフーBBと創価学会の『接点』」）。

《ソフトバンク側に対して、流出した顧客名簿を数十億円で買い取るよう要求したのが、創価学会の函館五稜郭圏の副圏長という地方の有力会員で、共犯として逮捕されたのが宮本委員長宅の盗聴に関与した元職員（後に不起訴）だった》

高橋　あの事件に興味をもって、それからですね。あれは学会が直接関与したわけではなく、学会のメンバーがああいうことをやっていた、ということですがね。

敵対的勢力に対する盗聴や尾行、匿名ビラ、匿名出版など学会が謀略的な体質をもっていて、それが社会とのあつれきを生じさせてきたことは歴史的事実です。その体質を支持政党である公明党が連立政権入りしたいまでもひきずっているのではないか。それが僕の主たる興味のひとつです。

――経済取材の枠を超えて自由に取材できるとはいえ、フリーになると、収入はそうとうのダウンでしょう?

高橋　年収はサラリーマン時代の3分の1から4分の1ですよ。その分、時間を買ったと解釈していますが。妻も働いているので十分普通の生活ができますよ。もともとそんなにお金を使うような生活をしていなかったので。

――フリーランスになって組織ジャーナリズムへの見方は変わりましたか?

高橋　僕はそれぞれのやり方でいくのが良いと思っていて、組織ジャーナリズムだからといって一概に否定する気はまったくありませんね。組織ジャーナリズムでなければできない分野もある一方、フリーランスだからこそできるものもあると思っていますよ。

よく批判される記者クラブ制度や発表ジャーナリズムですが、官公庁の動きをチェックするための記者クラブはあってもいいと思っていますよ。それが結果的にはきわめて単純な発表ジャーナリズムにしかならなかったとしても、発表モノを誰かがフォローする必要はあると思います。

僕は朝日新聞を購読しているのですが、読み応えがある記事を見かけることがありますよ。地方版のページなんかで。僕は神奈川版を読んでいますが、街ネタを掘り下げるような試みで書かれた記事をたまに見かけます。踏切で老人が電車にひかれた背景を探った記事（注5）とか。僕はそういうのを読みたい。５Ｗ１Ｈだけのベタ記事を深く取材することで、まったく違う何かが見えてくる。そうしたことに気づかされるのが面白い。

僕は新聞にはあまり悲観していない。朝日は、手抜き除染や日展不正審査など調査報道モノが多いじゃないですか。僕が心配なのはむしろ雑誌・書籍のほうですよ。リスクを嫌ってどんどん撤退し、調査報道を手掛けるのは、法律で受像機1台1台につきあまねく受信料を徴収することが許されているNHKか、朝日みたいな販売店制度により経営基盤がしっかりした新聞社だけになりつつある。

――なるほど。しかし、一般的に新聞社の内部は、書かない記者ほど抗議や訴訟など「事故る」リスクからは遠いので、社内の階段をステップアップする傾向が強い半面、書く記者ほど「事故る」度合いが高まり、途中で排除されてしまいます。一方、出版社は雑誌や書籍の慢性的な部数低下に歯止めがかからず、雇用形態が複線化し、労務面で「格差」を生んでいます。このことがいろいろな問題を生じさせる遠因になっています。

高橋　それも東洋経済を辞めた理由の一つでして、書かない記者は結構な報酬を得て「お気楽サラリーマン」で済むのですよ。それに対して整理部や制作部は正社員が1人とか2人だけで、あとは派遣社員。やっている仕事はそんなに変わらないのに、正社員の半分の給料しかもらっていない派遣社員が深夜までレイアウトをつくってくれて。

注5　朝日新聞、2012年12月24日付神奈川版、「拝啓　記者になりました1」大坪実佳子記者。

一方で「週刊東洋経済」は偽装請負とか派遣といった非正規労働の問題を「正社員化しろ」と結構な頻度でやっていたのですが、それに偽善を感じてしまって。東洋経済はマスコミの中では給料がまあまあいい方で、高待遇が既得権になっているのにもかかわらず、「格差を是正しろ」って言うのはおかしいじゃないかと思っていました。

僕は偽善が大嫌いなんです。結局は記者の生き様の問題に行きついてしまうかもしれないけれど。

――木村剛氏にはそれを感じましたか？

高橋さんのデビュー作の『ゼネコン自壊』は、木村氏が小泉官邸に持ち込んだ不良債権の「三十社問題」から始まっていますが、最新作の『凋落』はまさに不良債権退治・金融改革の寵児だった彼の没落を描き、4作によってあの時代――不良債権処理から小泉改革の時代――を書ききったような印象を受けます。

私も2002年当時、木村氏をインタビューしたことがあります。そのときには国を憂える「国士」という印象を強く受けたのですが、そのあとはどうも共感できなくて。私は、彼が自分で銀行を設立して経営するというところから違和感を覚えて……。

高橋　僕も最初は彼の言っていることは「その通り」と思っていましたが、銀行経営に乗り出したころからおかしさを感じていました。そのあと2009年2月に倒産したSFCGとの間のローン債権二重譲渡問題で、その額が振興銀行の自己資本の3倍の700億円といわれていたため、これは確実に破綻すると見通して取材に本格的に取りかかりました。

その後、彼が整理回収機構から裁判を起こされて明らかになったのは、木村氏が個人的な蓄財を結構していたということです。『凋落』執筆時には蓄財の形跡をはっきりつかめなかったのですが、整理回収機構が起こした裁判の過程で、彼の個人口座の中に少なくとも6億円ほど自由に動かせる金があったことがわかりました。振興銀行の行員の給料はすごく薄給だったと聞いています。にもかかわらず彼が6億円も貯められたのはなぜか。木村氏が持っていた振興銀行の株を、銀行の親密企業に融資した金で買わせていたからでした。

《整理回収機構の2012年8月21日のリリースによれば、木村氏は日本振興銀行の財務内容が悪化し、同行の株式の価値が著しく低下していることが分かっていたのにもかかわらず、親密先の中小企業保証機構に融資し、1株33万5000円もの価額で自身の株の

持ち分を総額3億1825万円で買い取らせている。整理回収機構はそれを「悪質性が高い」と断じている》

結局、木村氏がそうやって買い取らせたカネは、さかのぼっていくと預金者の預金でしょう。

――高橋さんの一連の作品を読んで思ったのですが、経済犯罪や不正行為を指弾する半面、警察や検察、証券取引等監視委員会に対しては甘くないですか。自由な経済活動を規制でがんじがらめにすると経済の活力が失われませんか。規制を緩める「小さな政府」が嫌いで、官憲がのさばる「大きな政府」が好き？

高橋　そんなことはないですよ。小泉・竹中路線の「小さな政府」の志向は、方向性は正しいと思っています。ただし、そこで経済において自由の領域が広がると、必ず便乗して悪いことをやる人たちが出てくるんです。僕は、そういう自由に乗じて悪事を働く人たちの経済活動を阻止することのほうに興味があって（笑）。

本来は取り締まるべき捜査当局が、一向に手を付けない人たちのことを僕は早い段階から書いているものですから、後になって警察や検察が動き出すと「ようやく取り締まる動きが出てきたか」と少しは好意的になってしまう（苦笑）。

しかし、捜査当局を無謬《むびゅう》とはまったく思っていません。それに、こっちから取材を申し込んでも、役所も捜査当局もほとんど取材に応じてもらえなくて、向こうから情報を提供されたことなんてないですよ。むしろ事件に巻き込まれた善良な人たちが僕の情報源です。

僕なんか、どっちかというと捜査機関には記事を通じて情報提供している方では。これを機に当局が少しくらい取材に協力してくれるようになったらうれしいです。

——結局は生き方の問題になってしまうかもしれませんが、経済記者の中には新聞社を退職後、相手先企業に食わせてもらう人が少なくありません。そんな記者のなれの果てをどう見ますか。

高橋　経済記者が取材先企業から接待や中元歳暮などの供応を受けることは珍しくありません。取り締まり当局を含めて役所を取材する記者とは、そこが大きく違う。それだけ企業側は良く書いてもらおうと一生懸命なわけです。正直な話、僕も接待を受けたことがなかったとは言えない。極端なケース、現金を渡されそうになったことも過去に2回あります。もちろんそうしたことでヨイショ記事を書いたことなどはありません。

経済誌の編集長が交代すると、後任の人に大量の商品券を持ってくる某メーカーがあると聞いたことがあります。そうした土壌があるから、経済記者の中には積極的に企業にすりよっていく人が少なくない。そうして取ったヨイショネタでもスクープはスクープですから。そのなれの果てとして、会社を辞めた後も生活の面倒を見てもらおうという人が出てくる。変な法人や組合をつくって、取材先だった企業をクライアントにして、お金をあつめたりしている新聞社OBのうわさを聞いたこともあります。

もっとも、そうしたことは科学記者にもあてはまる。

原発事故後、原発報道にメディアはどうかかわったのかを調べ、「週刊現代」や「別冊宝島」に書きましたが、朝日新聞OBの岸田純之助（元論説主幹）さんは90歳を過ぎても日本原子力文化振興財団の監事をなさっていました。原発が爆発した年の2011年の秋に取材のためにお会いしましたが、高齢のためか話はいっこうにかみあわず、明らかに職務遂行能力に問題があるように感じられました。そういう人が原子力村の団体の監事をしているということは、癒着というか、癒着以上の一体化をしているように思いましたね。

朝日新聞と東京新聞はいま原発には批判的なスタンスで報道していますが、僕は正直言うと、朝日の科学部の大御所たちと論説が過去どうだったのかをもっと検証してほしい。僕は、朝日のＯＢと名乗る人物が設立した会社が東電の広報誌「ＳＯＬＡ」の編集を請け負っていて、田中豊蔵元論説主幹ら多数の朝日ＯＢが取り込まれていたことを「週刊現代」に書きました。僕が調べたところ、読売に負けず劣らず朝日は電力会社に取り込まれていたと思います。

それなのに、いまや朝日と東京は「原発ゼロにしろ」と勢いよくやっていますが、本当にそうなのかな、と。将来的にゼロに持っていくというのはわかりますが、一足飛びにゼロにできるような幻想を振りまいていいものかな、と。

僕はそんなに簡単にユートピアができるとは思えないんですよ。原発導入のころ、大手メディアはどこも諸手を挙げて賛成でした。過去に犯した過ちを、逆方向に振れたいま、同じように繰り返しているのではないかと心配しています。

（インタビューは２０１３年３月27日、２０１４年２月24日）

高橋篤史氏の主な著作

『ドキュメント　ゼネコン自壊』（２００２年、東洋経済新報社）
『粉飾の論理』（２００６年、同）
『兜町コンフィデンシャル』（２００９年、同）
『凋落　木村剛と大島健伸』（２０１１年、同）

高橋氏おすすめノンフィクション

●本多勝一『戦場の村』『中国の旅』など一連の著作、鎌田慧『自動車絶望工場』『六ヶ所村の記録』、本田靖春『誘拐』……１９７０～80年代に活躍した正統派ジャーナリストの作品です。
●福田ますみ『でっちあげ』……学校の先生が生徒に悪質ないじめをしていたという福岡の事件が、実は生徒の親がモンスターペアレントのクレーマーだったという「事実は小説より奇なり」の書。雑誌ジャーナリズムがやるべき仕事と感じました。
●佐藤章『ドキュメント金融破綻』……「こんなに躍動的に金融の世界を書けるんだ」「こんな書き方もあるんだ」と学ばせてもらった一冊です。

第3章　現実主義に立って、論を説く

長谷川幸洋（東京新聞論説副主幹）

長谷川幸洋（はせがわ・ゆきひろ）

1953年千葉県生まれ。慶應義塾大経済学部卒。77年、中日新聞社入社。東京本社（東京新聞）経済部、ブリュッセル支局長などを経て99年に論説委員、現在は論説副主幹。89年、米ジョンズホプキンス大高等国際問題研究大学院（SAIS）修了（国際公共政策修士）。2005～08年、財政制度等審議会臨時委員、06～09年、政府税制調査会委員、13年から規制改革会議委員。著書『日本国の正体』で09年の山本七平賞受賞。

いま最も注目を集めているジャーナリストの一人が、東京新聞の長谷川幸洋論説副主幹だろう。経済部出身でありながら、『官僚との死闘七〇〇日』(講談社)と『官邸敗北』(同)では凡百の政治部記者を凌駕するインサイドストーリーによって、政権を転覆させる霞が関の官僚機構のあざとさを詳述した。民主党政権の誕生時には、メディアの多くが好意的な反応を寄せていた政権発足当初から、その非力ぶりを指摘する記事を「週刊現代」などに連発し、実際に指摘どおり民主党政権は迷走に次ぐ迷走の果てに崩壊、見立ての正しさを証明してみせた。

さらには、山本七平賞を受賞した『日本国の正体』(同)や『2020年 新聞は生き残れるか』(同)で、批判の刃を自分たちジャーナリズムの足元に向けるようになった。記者クラブに依存した新聞記者たちの過度の発表主体への迎合によって、国民に本当は知らせなければならないことが知らされないことに警鐘を鳴らし、当局の意に沿った報道しかしない記者を「ポチ」と呼んだ。安倍政権発足後の異次元金融緩和では持論の正しさが証明されたが、安倍政権では規制改革会議に委員として参画し、政権の政策立案にかかわる。

とかく没個性で顔の見えない論説記者が多いなか、非常に個性的な論説記者である。

――安倍政権が発足して1年半近くたちますが、現時点(2014年6月)での政権のご評価をうかがえませんか。

長谷川　基本はやっぱり経済ですよね。この15～20年のデフレ大停滞を、まずアベノミクスによって脱しつつある。それが一番評価できるところです。内閣府が6月9日発表した2014年1～3月期のGDP改定値は年率換算で6・7％増で、これは消費増税に備えた駆け込み需要の面がありますが、ものすごい数字ですよ。私自身全国を講演で回って中小企業の経営者の皆さんと話してみて、そこは実感しています。やはり景気が回復したというのは、この政権の一番の実績だし、そこは素直に評価していいんじゃないかと思います。消費税率引き上げの影響も意外に早く吸収しそうです。それから「第三の矢」が不十分という指摘もありましたが、農業、医療、雇用など「岩盤規制」と呼ばれた分野も含めた規制改革や、法人税の引き下げの検討も進んでいます。

――そうですね。しかし、経済・金融政策で順調にすべり出した後、特定秘密保護法や靖国参拝、集団的自衛権の問題など安倍さんのかねてからのカラーが強く出てきました。

長谷川　景気が良くなる、あるいは景気が良くなりそうだというのが、安倍政権の内閣支持率の高さの根本理由だから、景気が良くなって初めて集団的自衛権などの議論ができるわけですよね。ですから基本は経済であると。

しかし私は、集団的自衛権については不可欠だと思います。やっぱり日本を取り巻く環境がこれまでとは全然違う。北朝鮮の核ミサイル、中国の尖閣の問題、南シナ海の問題。これはもう明らかに日本を取り巻く外的環境が緊張している。まずこれが出発点ですね。

この緊張状態にどういうふうに対処したらいいのかが、今の日本のおかれた根本問題だと私は思っています。その対応策として日米同盟の強化、さらにアジア太平洋全体を睨んだＴＰＰ（環太平洋戦略的経済連携協定）のとりまとめを迫られている。これは当然の政策対応だと思っていますね。

これを別の角度から言うと、結局、政治の使命、役割って何なんだということにいきつくわけですよ。私は、米国であれ日本であれ同じだと思っているけど、政治の使命とは一言で言うと「平和と繁栄」です。それを確保するために政治家がいるんだと思う。ただし、それには前提があって、平和が先なんです。繁栄があれば、平和はついてくるというわけじゃなくて、逆に平和がないと繁栄はついてきません。

今までの日本は平和ボケのところがあったけれど、いまは外的な環境の変化が大きくて、平和と安全の問題を抜きに、繁栄を語れなくなってしまった。ですから日本の平和と安全をどう確保するのか、という議論から目をそらすわけにはいきません。それに対処しているというのが、今の政策路線だと思っています。

政権に批判的なマスコミも、しょせん政府や野党の議論の枠組みでしか議論をしていない。どうして日米安保と米軍基地の問題に迫らないのか。マスコミは自分が物事を判断して報道、論評すべきだと思いますね。つまりマスコミが本来の役割を果たしていないのです。

――では、特定秘密保護法はいかがですかね。

長谷川　特定秘密保護法が市民の思想の自由を侵すとか、あるいは戦前の治安維持法の復活というようなことが、マスコミでよく言われましたけど、これははっきり言ってナンセンス。大げさ過ぎる。そもそも核心を突いてないと思います。

――確かにそうした頓珍漢な批判が新聞であふれましたが、しかし、特定秘密保護法を奇貨として秘密が拡大解釈され、官僚が情報を一層出し渋りませんかね。

長谷川　マスコミの側で言えば、政府に秘密があるのは当たり前。その秘密にどうやって迫っていくのかということは、実は法律があろうとなかろうと一緒なんですよ。エドワード・スノーデン（注1）の機密ファイルを収録した『暴露』という本が刊行されましたが、スノーデンは当然訴追されることを覚悟のうえで内部告発し、それを書くガーディアンの記者もそのリスクを十分承知のうえで、チャレンジしているわけですよね。

だから日本でも特定秘密保護法ができたからといって、じゃあ、それでひるむのか、と。逮捕されることも覚悟のうえで、やるのか、やらないのか。それは政府の問題でなく、ジャーナリズム、ジャーナリストの問題だと思いますよ。

そもそも政府には、特定秘密保護法ができる前からとっくに「秘密」があるのです。官僚が自分たちの裁量で秘密にしていたんです。民主主義のガバナンスからみれば、法律で秘密を規定する枠組みの方が、官僚の裁量よりもよほどましでしょう。問題があれば、法律を改正すればいいんですから。それは結局、国民がどういう政権と議員を選ぶ

注1　米CIAの情報収集活動などに携わったが、米国がインターネットを傍受し、それに米国のグーグルやフェイスブックなどIT企業が協力させられていること、傍受は日本や欧州など同盟国に対しても行われていることを暴露した。

か、という問題です。官僚の裁量にゆだねてしまえば、政権が代わろうと国民の手が届きません。

――長谷川さんご自身は安倍政権への距離の取り方は、どうお考えですか。

長谷川　基本的に私は是是非非です。私は政権の人間じゃありませんし、政府からの独立がジャーナリストの生命線だと思っています。ただややこしいのは、結果的に私の考えが政府の考えている方向と同じようになる場合もある、ということです。同じように現状を整理し、問題点を詰めていって、その対応策を考えると、政府と同じような結論になる場合もあります。でも、それはだれか官僚にブリーフされて同じ結論になったのかといえば、まったく違います。

それを「政府の人間から話を聞いて書いているんだろう」というふうに誤解する人もいますが、それは、その人こそが「ジャーナリストはそういうもんだ」と思い込んでいるからですね。だいたい、私は官僚の話は聞きませんから。たまに議論をすることはあっても、取材のためのブリーフを受けることはほとんどありません。ま、官僚のほうも私を論説懇談会から締め出したくらい（注2）ですから話をしたくないでしょう（笑）。

消費税の引き上げについては、今でもやらないほうが良かったんじゃないかと思っているし、原発政策だって安倍政権は推進派だけど私は脱原発。原発推進は、考え直したほうがいいんじゃないかと思っているので、そこは安倍政権とはまったく違う。

だから同じこともあるし、違うこともあるということですよ。

もっと言うとね、政府や政治家、霞が関の官僚が自ら提起しない問題を、メディアの側が「これはこうなんじゃないか」と提起する作業が非常に重要なんです。さっきの集団的自衛権をめぐる問題もそう。政府の人間は「日本は基地があるから集団的自衛権を容認しています」なんて絶対に言いませんよ。そんなことを言えば、国会論議がめちゃくちゃになってしまうから。でも、本音はそう考えている。だからこそ、そういう政府が言えない話をマスコミが書くことが重要なんです。そんな作業が今のメディアには決定的に欠けていますね。

注2 東京電力の福島第一原発事故後の2011年5月13日に資源エネルギー庁が新聞、放送局の担当論説委員を集めて開いた論説委員懇談会で、細野哲弘長官（当時）は「オフレコ」としたうえで、「銀行は（東電に）債権放棄を」と発言していた枝野幸男官房長官のことを「いまさら、そんなことを言うなら、これまでの私たちの苦労はいったい、なんだったのか」などと批判した。長谷川氏がこれを講談社のウェブサイト「現代ビジネス」で明らかにしたところ、経済産業省の成田達治広報室長は東京新聞に抗議するとともに、東京新聞の経産省クラブづめの記者が事務次官ら同省幹部との懇談（オフレコのバックブリーフィング）に出席できないよう締め出した（詳細は『政府はこうして国民を騙す』第1章）。

――長谷川さんぐらいの年代かそれ以上の年代のジャーナリストには、そもそもジャーナリストは左のポジションに立つべきだと考えられた時代が長く続いてきたと思うんです。冷戦構造の影響のなせるわざだったと思うのですが、新聞の安倍政権批判の記事のつくられ方をみると、いまでも古典左翼的な図式で批判するケースが多いと思います。

長谷川　そうそう。それはね、理念先行、イデオロギー先行なんだよね。つまり、政権批判側は初めから「安倍政権に反対する」というポジションに立って記事を書いている。それはもうそろそろ、卒業すべきだと私は思っています。理念先行、イデオロギー先行というのは、議論が浮世離れしちゃうんだよ。

私は自分を現実主義者だと思っているんです。理念先行のスタンスだと、あるべき理念から物事を評価するから「現実はおかしい」「間尺に合わない」みたいな話になってしまう。しかし重要なのは、いま人々が生きている現実そのものでしょう。現実から出発して、いまをどうより良く変えるかが重要なんで、理念に合わないから現実を否定するのではない。

ジャーナリズムは政府を批判するのが仕事と思っている人が多いけど、私はそういうふうには全然思っていません。経済政策にしろ外交安保政策にしろ、自分自身がジャーナリストとしてゼロから考えるべきだと思う。そうでないと本当の意味で政府とは対峙できないわけです。

つまり政府の言っていることを批判するのがジャーナリズムだというふうに定義すると、政府が目の前のテーブルに置いた課題とその説明の仕方をまず受け入れてしまって——集団的自衛権の問題が典型だけど——、それに対して批判するという立場になってしまう。

——高校、大学時代に学生運動をなさっていたという長谷川さんはどうやって左翼的問題意識と決別して、現実主義になったのですか。

長谷川　入社したら、もうサツ回りに必死で、考える暇もなかったけど（笑）。現実主義になったのはいつかって言われると、ジョンズホプキンス大学の高等国際問題研究大学院（SAIS）に留学して経済学と国際関係論を勉強したときがきっかけですね。

印象に残っているのは、アメリカも理念先行だった時代があるんです。アメリカにも現実主義と理想主義の対立があった。アメリカだけの平和を追求してればいいじゃない

かという一国平和主義みたいな立場と、アメリカの理想を世界に広げようという国際主義の立場が対立する時代もありました。

でも、それは払拭されて、いまや民主党も共和党も理想主義なんて言ったらアメリカの政治風土の中では完全にバカにされる。双方とも「現実主義の中でしか生きられない」というようになった。アメリカは大人になったんです。濃淡はあるけれど、いまのアメリカは「現実的な国際主義」のリーダーでしょう。

残念ながら、日本はアメリカの核の傘の下で長い間、平和を享受してきたから、いまだに理想主義対現実主義、というかイデオロギー対立みたいなのを引きずっている。とりわけマスコミが遅れている。集団的自衛権の議論なんて、まるで1960年代に逆戻りしたかのようですね。

――先ほどの話に戻りますが、政府や官僚が提起しない問題を私たちジャーナリズムの側が提起できないのは、官僚や捜査当局など取材先から話を聞いて書くことしか訓練されていないからではないですか。

長谷川　そのとおりですね。重要なのは、論説と報道は似て非なるものである、ということです。報道は相手の言ったことを理解してそれを伝えるものでしょう。だから、相手が言っていないことを自分で書くことはできない事情はある。

それに対して論説というのは、相手の言ったことを理解したうえで何を主張するかは、論説記者の裁量で自由なものであると思います。「論」というのは、そのくらい独立したものであるはずなんです。それなのに、論説記者もみんな報道の延長で社説を書こうとする。だから、いちいち役人の意見や説明を聞いたりする。乱暴に言えば、そんな必要はないんです。読者は「あなた（論説委員）の意見」を社説に求めているのだから、あなたの意見はどこにあるのかというのが重要なんです。相手が提起していない論点を、こちらから提起できるかどうか。

それなのに、どうも新聞の社説を見ていると、書いている論説委員たちがビビっている感じがありますね。なかなか本当のことを書かない。はっきり言えば「役人や検察の言っていること以外を議論すると、俺はインナーサークルからつまはじきにされる」と、そう思い込んでいるんじゃないですか。

取材記者がインナーサークルの一員であろうとすることに汲々とするのと同じように、論説記者もインナーサークルの一員でありたがる。日銀、財務省、検察みんなそうです。経済記者も司法記者も政治記者もみんなそうです。

論説は報道と違って自分の論と説を唱えるということなんだから、やっぱり自分のロジックに首尾一貫したものがなければ、論と説にならないよね。だから私の目から見ると、論説らしい論説なんて、ほとんどお目にかかったことがない。これ、役人が言っている話をそのまま書いているんだよなって、そう思うのばかり。

――論説委員も、政治担当、経済担当、司法担当などと新聞社の縦割り・蛸壺体制に組み込まれているからそうなるのではないですか。

長谷川　そのとおり。

――そもそも新聞社の組織全体が縦割り・蛸壺を前提にした体制になっていることこそが問題なのではないですか？

長谷川　だから究極的には新聞社の経営者が悪い。これは個々の記者の責任でも、部長の責任でもないし、編集局次長の責任でもない。

しかし、編集局長の責任ではありますね。編集局長ならば多少の発言権はある。つまり編集局長以上の新聞社のマネジメント層が悪いからそうなっているんです。彼らは自分たち自身が縦割り・蛸壺組織で出世して偉くなってきたから、存立基盤を脅かすような自己改革ができない。

――結局のところ社内でステップアップしていく育成方法、起用方法を全面的に改めていかないと、どうしようもないんじゃないですか？

長谷川　社会にとって存在する価値がない商品はいずれ淘汰されますよ。これは新聞だって同じでしょう。新聞記者が持続的に世間に価値を保ち続けていける根本は、役人でも政治家でもなく、ただの消費者でもない、世の中を客観的に冷静的に見て報じる、あるいは自分の意見を言う人であるかどうかということ。その意見や報道も常に市場で競争にさらされていて、毎回頓珍漢なことを書く記者は消えていかざるをえないが、時々間違っていてもかなり鋭いね、ということだったら、その人は生きていける。そういうマーケット感覚がいまの新聞記者にはまったくない。自分の存在意義を自覚しないままで終わってしまっているのです。

――プロフェッショナルなジャーナリストという意識にならない？

長谷川　私たちだってビジネスなんですよ。ほとんどの記者たちはビジネスになりきれていないんだ。世の中にとって意味がない、価値がないものには、誰もお金は払わないし、第一、読みません――その当然のことに気が付いていないんだと思います。

――長谷川さんがそういうふうな認識に至ったのは、いつごろですか？　ご著書の『日本国の正体』の中でも、「『御用ジャーナリスト』の末端のように思われても仕方がないような面もあった」（12ページ）などと、ご自身が官僚の「ポチ」だったことを告白されていますよね。それが変化した転機というのはなんだったのでしょう？

長谷川　私ももともと皆さんとおなじで、どれだけ奥の院に迫れるかという競争をしてきたんです。46歳のときに論説委員になって、もう15年も論説委員をしていますが、最初のうちは取材記者の延長線上でした。相手の言っていることを深く知ることが大事だと思って、とりわけ財務省の人たちとは徹底的に付き合いました。「日本の消費税は25％にすべきだ」と、最初に出した本『経済危機の読み方』（講談社現代新書）に書いて。

そうしたら財務省が大喜びしてね、主計局にいた木下康司さん（後に事務次官）がスカウトに来て、財政制度等審議会に臨時委員として入ることになりました。そういう場に入ると「それでは先生のお考えはどうですか。意見を言ってください」と聞かれるわけです。それで「ああ、これは自分の頭で問題を整理しないとダメだ」というふうに、途中から気が付いたんだな。あるべき政策とはどういうものなのか、自分自身の頭で考えなくちゃいけなくなった。

そのころはね、木下さんに「委員になれば、長谷川さんが欲しがるような材料はいくらでもあげますよ」と言われましてね。だって私は「小泉政権が消費税の増税を封印したのはけしからん」と書いたりしていたんだから。財務省が喜ぶのは当たり前です。

主計局調査課に大きなロッカーがあるんですが、ここには最新版の財政資料がなんでも入っている。「長谷川さん、ここにあるのは何を使ってもいいですよ」と言われました。

――ペーパー類の山?

長谷川　それこそ、もう取材する必要がなくなってしまう。財務省の課長以上は財政についての「対外的な説明の流れ」というペーパー集を持っています。これはロッカーの資料よりも、もうちょっと詳しいんです。それを彼らは半年に一回くらいの割合でアップデートしている。課長以上はみんなこれを持っているから、実は、記者がどの課長に取材しても答えは同じになるんです。私はその紙ももらっていたので、そもそも取材する必要がない。財務省が対外的に言いたいことは全部、そこに書いてあるんですから。

——ちょっと脱線しますけど、審議会の委員になることで政権に取り込まれるという批判もあるでしょう。御用記者になっちゃうとか。

長谷川　そういう意見もあるけれども、あのときは「役人って、何を考えてるのかな」と思うことのほうが強くて。好奇心のほうが実は強かったんです。

——なるほど。普通の記者はたいてい、そこで大喜びとなってオシマイですが、そこで終わらなかったのはなぜなんですか。

長谷川　取材しているときに、たまたま財務官僚だった高橋洋一さんに出会ったのです。岩田規久男先生の『金融政策の経済学』（1993年、日本経済新聞社）という本があって、そこで先生は日銀理論への批判を展開していて、この議論は正しいなと思っていたら、高橋さんが「週刊東洋経済」や「週刊エコノミスト」に書いていた論文に出会ったのです。高橋さんは岩田先生とも交流が深かった。それで彼に電話したら「こいつはすごい」と思って。2003年ぐらいだったかな。
そうしたら小泉政権で彼が竹中大臣の補佐官になって郵政改革を始めた。呼び出して話を聞いていたら、最初、彼は私をスパイだと思っていたようなんだ。「財政審委員なんてどうせ財務省の犬だから、俺の動向を探りに来たのか」と警戒されてしまって。話しているうちに、たしかに日本の財政は大変な状況ですが、霞が関の現状を何も変えないで、現状が大変という話に過ぎない、と。高橋さんは「現状をどう変えるか」というところにポイントがあって、現状を変えれば財政はそんなに大変ではない、と。それで「目からうろこ」の気がしました。

——じゃあ転機は高橋さん？

長谷川　そうですね。それと彼が言う「博士の愛した数式」（注・財政再建には一定のプライマリーバランスの黒字が必要ということを示した式）。彼が竹中平蔵さんに説明した数式ですけど、これはだれも否定できない、ごく一般的な定理です。それとインフレ目標政策もきっかけでしたね。物価は日銀の出すベースマネーに連動しますが、これを日銀は頑として認めない。でも、岩田先生が「違うでしょう」と説明していました。経済学の教科書を読めば、岩田先生の議論のほうが世界標準なんです。これを否定したらマクロ政策は成立しない。

私はもともと経済学に関心があって、ジョンズホプキンスの大学院から帰国後、それこそ八重洲ブックセンターの棚にある経済学の教科書は片っ端から読みました。

普通の記者が取材を通じて、私が抱いているような経済政策上の確信が持てるかというと、そこは違いますね。取材だけでは無理です。やはり、ある程度は経済学をきちんと勉強しないとだめです。自分の中にしっかりした物差しができないから。

日本の経済ジャーナリズムの問題点は、残念ながら経済学の基礎的な素養が欠けている記者が多いことですね。たとえば、ノーベル経済学賞をとったマンデル・フレミング理論なんてイロハのイですよ。変動相場制の大国開放経済の下では、財政政策は無効化され、金融政策のほうが有効という結論、これが理解できていない経済記者が頓珍漢な記事を書いたりする。

——高橋さんに出会って、書く記事が変わっていくと、それまで「宣伝係」と思って遇してくれていた財務省の官僚の人たちとの付き合いが変わっていきますよね。そのときに、取材先からつまはじきにされる、あるいは社内で浮いてしまう、そういうことはなかったですか？

長谷川　社内は、私が何をやっているかわからなかった、と思いますね。私の抱いている問題意識なんて誰も理解できなかったでしょう。

でも、財務省はもっと優秀だから次第に警戒感が高まってきました（笑）。たとえば「政府の資産を売却したほうがいいんじゃないの」と議論を吹っ掛けると、主計官レベルでも、あるいは官房総括審議官だった杉本和行さん（後に公正取引委員会委員長）に取材しても、まったく同じ答えが返ってくる。この人たちは私の取材を受けて何かを議論しようと思っているのではまったくなく、初めから意思統一ができているのだとわかった。それで、これは腹を割って話をしようとしても、まったく無意味だ、財務省はこういう風に一枚岩なのだ。記者と自由な政策論議をする気持ちなんて、ハナからないんだ、と気が付いたわけです。

――単に財務官僚の掌の上にのっていただけだったと？

長谷川　そう。『官僚との死闘七〇〇日』でも書きましたが、政府全体のサイズを小さくすれば、財政を黒字化するのに必要なプライマリー黒字も小さくてすみます。それは、それこそ「博士の愛した数式」から直ちに導けます。これはだれも否定できない。民間企業でも経営が厳しくなったらリストラして余剰な部分を削っていくでしょう。政府も同じで赤字が厳しかったらサイズを小さくして、増税負担を小さくできます。その点を杉本さんと議論したら、頑として認めない。それで「ああ、これは話にならない。とにかくリストラしたくないんだ」と確信して、この人たちと議論しても無駄だと悟ったんです。あのときの「おさらば感」は、いまでも鮮明に覚えてますね（笑）。こっちが、本当にびっくりした。なんでこんな簡単な話がわからないの、と思って。

――ところで、かねがね思っていたのですが、これだけ活発な活動を続けていて中日・東京新聞社内はどうなんでしょうか？　長谷川さんに新聞社内でのお作法をうかがいたいです。

長谷川　実は『官僚との死闘七〇〇日』を書いたときに「もう辞めてもいいかな」と思っていました。

私は1999年に論説委員になったのですが、その後、初めて講談社現代新書でさっき話した『経済危機の読み方』を書いて、ペンネームや無署名でいろんな雑誌でも書くようになった。雑誌の世界で仕事をしていくうちに「これで食える」という自信がついた。辞めても大丈夫、と思いました。

ところが『官僚との死闘七〇〇日』を書いたら、ウチの最高顧問で会社のオーナー

（大島宏彦氏）に「名古屋に講演に来い」と呼ばれましてね。中部地区の社長がいる会で講演してくれ、と。小部屋に呼ばれて「長谷川君、この本、面白いね。でもね、こういう本を書くと、だいたい会社を辞めちゃうんだよ。でも、キミは辞める必要はない。これから好きなことをやりたまえ」と言われたんです。

——これは、すごい話ですね。お話をうかがうと、中日新聞社は、すごくオーナーのガバナンスが効いていますね。

《私は朝日新聞社に26年勤務しているが、上層部が下々の記者の仕事ぶりを称賛するのを耳にすること自体が非常に稀である。リスクと責任を忌避する傾向が、上に行けば行くほど強まる。目立つ記者は嫌われる》

長谷川　社内で私の評判は良くないですよ（笑）。でも、オーナーはもちろん会長も社長も私の味方です。私の上司は「会長はお前の保護者だから」と同僚の前で私に言いますから。それは、みんな知ってます。

私は昨年3月末に定年になりましたが、実はいまも論説副主幹のままです。1年ごとの契約ですけど、まあ異例の扱いだと思います。

——これは相当、立派なオーナーですね。

長谷川　そうですね。

――そういうふうにオーナーが応援してくれているとは言っても、社内的な嫉妬もあるのではありませんか？

長谷川　ああ、それはあるんじゃないですかね。安倍首相から「私をインタビューしませんか」と言われて、私は論説の人間なので「日々の報道にはかかわらない」というのがポリシーなんですけど、社長に「こういうオファーがある」と言ったら「ぜひ、やってくれ」と。それでやることにしたら、編集局は「ふざけるな」「長谷川は安倍のポチだ」とか、いろいろ文句を言ったようです。ま、それはそうでしょう。普通ならインタビューは編集局の仕事ですから。でも、社長決裁で結局、編集局の取材部門にはいっさい手を触れさせず、私が完全に主導権を握って紙面を作りました。社長が「編集局にやらせろ」と言えば、やらなかったのは当然です。ちなみに、私のほうから首相にインタビューを申し込むなら、別のメディアを使ったでしょうね。実際、この（2014年）3月に安倍首相に単独インタビューしたときは「J－WAVE」の自分の番組（「JAM THE WORLD」当時、現在は降板）と「現代ビジネス」を使いました。

私はもうずっと、基本的には社内の人間とはダラダラ付き合わないことにしているんです。社内でだれかと仲良くしたいとか、飲み食いしたいとかまったく思いません。社内の半径3メートルの戦いで戦えなければ、10メートルや20メートルの距離で、つまり外では戦えない。これは鉄則です。みんな妥協してしまうのは結局、半径5メートルくらいの世界で孤立したくないって思うからです。

たとえば、私は昼飯はいつも必ず、一人で食べます。夜は社内の人間と飲みにいかない。社内で誰かとつるんで、というのは一切ありません。

――ジャーナリストである半面、ご自身が政権の舞台回しのメンバーとしてかかわることをどう考えていますか。『官僚との死闘七〇〇日』がそうですが、自身が主体となってニュースをつくる側に回っているかもしれないこと、すなわち報道と運動との境界線が曖昧になることの是非は、どう考えていますか？

《ベストセラーになった『官僚との死闘七〇〇日』は、ジャーナリストである著者自身が高橋洋一内閣参事官らと連携して、第1次安倍政権の目指した「改革」に尽力する姿を描いたという、ジャーナリストが当事者でもあるドキュメンタリーである。財務省など抵抗する官僚の生態をあますところなく伝えている半面、著者もかなり前面に出て描かれている》

長谷川　私は報道の人間ではなくて、論説の人間なんです。最初に自分の立ち位置があって、こうあるべきだという考え方があるのです。

そのうえで審議会の委員などの形で発言したり、総理と話をしたり、新聞や雑誌に書いたりしているのは、すべて同じです。別に総理の意向を代弁しているわけではありません。むしろ逆に、たとえば金融政策などは、私や高橋さんがずっと前から言ってきた話を総理が理解されて、いまのアベノミクスになっているのです。だから、なにも問題はない。

もし問題があるとすれば、報道の人間が取材相手と近寄りすぎた結果、相手の言い分をそのまま伝えるポチになるのではないかということであって、論や説をもっている人間が政府の審議会であろうと総理に会ったときだろうと、自分の意見や考えを言うぶんには問題はないでしょう。

――ところで、いろいろと問題山積のいまの日本のジャーナリズムを変えるには、どうしたらいいと思いますか。

長谷川　年俸制の記者を5人か10人雇って、「キミたち何をやってもいいよ」と。「翌年の契約更改はパフォーマンス次第ですよ」とやったら、おもしろいと思います。でも、現実には部長とかデスクが「そういう記者には紙面をやらない」とか意地悪するんでしょうね。

――いまの私たち記者たちが取材の手法を変えていかないと、どうしようもないのではないでしょうか？

長谷川　取材手法の問題もあるけど、はっきり言って、いまの経済ジャーナリストはあまりに不勉強、素養として基礎的な経済の理解が足りないと思います。経済政策のベースには世界標準の考え方がある。それがなかったら、IMF（国際通貨基金）とかOECD（経済協力開発機構）で議論が成立しないでしょう。それを理解して記事を書くには当然、基礎学力が必要になる。たとえば「金融緩和で中長期の経済成長は実現しない」だなんて言ったって、そもそも金融緩和が成長を導くわけではないんだから、そんな議論は最初から頓珍漢です。そんなのは世界の常識なんだけど、そういう基礎的な共通理解が記者の側にない。

規制改革の問題だって、官僚ときちんと議論しようと思えば、市場メカニズムについて原理をきちんと理解していなかったら、官僚がまともに相手にしてくれるわけがない。だけど市場メカニズムについて理解しようと思えば、経済学の基礎知識は不可欠です。「新自由主義がどうたらこうたら」なんて知ったかぶりレベルでは話になりません。

「こいつは教科書も読んだことがないな」なんて、すぐバレますから。

でも、現状はというと、経済学をきちんと勉強している経済記者なんてほとんどいません。まったくお寒い現状です。

勉強するかしないかは、記者個人に任せられている問題もある。学者になるつもりだったけど、ちょっとジャーナリズムも面白そうという人を契約で採用するとか。朝日さんがやったけど、小林慶一郎さん（現慶應義塾大学教授）みたいな人を客員論説委員に呼んだり。ああいうのは刺激になるからいいよね。5、6人は年俸制でスカウトしてみたらいい。

——いまの記者教育はサツ回りから始まって、「とにかく取材先と仲良くなれ」というところから始まって、あとは体力勝負。

長谷川　ウチの会社もそうですけど、支局時代に言われるのは「取材先から信頼される記者になれ」と。これはまったく間違いですね。本当は「読者に信頼される記者になれ」ですよ。取材先に信頼されてどうするの？　ポチになるだけじゃないの。

——朝日には特に多いのですが（私もそうですが）、学生時代はまったく不勉強で、それでも学生時代に読んだ本多勝一さんとかにあこがれて格好いいなと思って新聞社に入ってきて、あとは体力勝負。基礎的な学力はまったくない。一回新聞社に入ってから経済学なりを基礎的なところから習得するような仕組みがあったらいいのではないかと思います。

長谷川　それは、あったらいいけど、ないものねだりですよ（笑）。じゃあ「どうすればいいか」というと、私は自分自身がそうでしたけど、飛ばされた時がチャンスなんだよ。会社で冷や飯をくっているときが、実は時間があるから、勉強するチャンスなんだ。

――えっ！　長谷川さん、飛ばされたのですか？

長谷川　そうだよ。私は東京経済部からブリュッセル特派員に転勤したんだけど、ブリュッセルから戻ってきた先が名古屋経済部のデスクだったんです。名古屋のデスクはウチの会社でいいポストですけど、私にはどうも息苦しくて体調を崩しちゃった。それでロイターかブルームバーグにでも転職しようかな、と思ったんです。英語で記事書くのもいいかな、とか思ったりして。

それで結局、部長とぶつかって、東京に飛ばされて戻ってきた（笑）。日曜版の「大図解」というのをつくっているチームのデスクです。44歳の時から2年間。

それでヒマだった。もうヒマで、ヒマで。私自身は1ヵ月に1回しか紙面をつくらないから、ヒマなんだ。それで「よし、この機会に勉強をしよう」と思って、経済学の教科書を読むことにしたんです。飛ばされていた2年間で八重洲ブックセンターの棚にある必読と思われる経済学の教科書はほとんど全部読みました。

——そこから、よく論説委員に這い上がってこられましたね。

長谷川　そうだね。くすぶってた私をたまたま、当時の論説主幹が引き上げてくれた。

でも、社説書いていても、つまんないんだよ、基本的に社説は建て前ばかりだから。それで「月刊現代」とか、いろんな雑誌に書き始めたの。

——よく飛ばされてウジウジしなかったですね？

長谷川　私はそうならなかったね。勉強と雑誌の仕事がおもしろかったから。ひところは毎週のように週刊誌のトップストーリーを書いたこともある。毎晩のように六本木や銀座で飲んで（笑）。おかげで辞めても食える、という自信もついた。

論説委員になったときに、いずれ、この会社を辞めることになっても食えるようになろうとは思ったね。もともと順調に出世階段を上って論説委員になったわけではなくて、飛ばされた拍子になったわけだし。ずっと我慢する気はなかった。だから雑誌に書いて、自分がどれだけできるかやってみよう、と思ったわけ。

――若い記者の中には長谷川さんを慕ってくる人もいるでしょう。そういう人にはなんて言っていますか。

長谷川　まずマスコミ志望の学生に聞かれるたびに言っているんですが「組織に入ったほうがいいぞ」と。仮に朝日に落ちて、時事や産経でもいいじゃない。そこで基本的な、私が言う「共同スタイルの記事」（注・ふつうの雑報形式の記事のこと）をまず身につける。警察や官庁、政治取材などで記者としての基本的な動き方をおぼえる。そうやってスキルを身につけて「あと最終的に世の中に何を発信するのか、それはよくよく考えたほうがいいよ」と言っています。

若い記者たちと飲むとやっぱり、そういう話になるけど、結局、さっき言った話に戻る。つまり、世の中に必要とされる価値を生む人には仕事がある。だから世の中に必要とされる記者というのはどういうことか、ということを徹底的に考えたほうがいいということなんですね。自己満足で原稿書いても、しょうがないんです。

自分を振り返ってみてもね、たとえば政策の話は古賀茂明さんや高橋洋一さんのほうがはるかに詳しい。私は彼らを取材源にして雑誌に原稿、書いていたんだけど、高橋さんが役所を辞めて自分で書くようになったときに、ハタと考えた。彼が自分で書いて発信するようになったら、私のビジネスモデルは破綻する。やがて、古賀さんも自分で発信するようになるわけだ。

そこで自分はどうしようか、よくよく考えた。これは本当です。彼らは官僚世界に通じていて、政策のプロである。私はといえば、新聞と雑誌の世界を知っているジャーナリストである、と。その立ち位置を再認識して「よし、今後はそういうポジションでいこう」と思った。私がジャーナリズムやジャーナリストを対象にして本を書いたのは、そういう事情からです。たまたま書いたとか不満があって腹いせに書いたというのとは、まったく違います。高橋さんや古賀さんではない、私にできる仕事は何か、を徹底的に考えた末の結果です。

高橋さんや古賀さんが見た同じ事象であっても、私は私なりに「こういう問題もあるんじゃないか」というジャーナリストとしての付加価値を考えて文字にする。そういう付加価値さえあれば、世の中で必要とされるジャーナリストとして仕事はあるんです。逆に言えば、それがなかったら、あっという間に私の仕事はなくなります。

――ネットメディアの台頭によって既存メディアは市場から退場を迫られませんか。

長谷川　そうですね。まあ、私はいまの既存メディアは全体的には改善しない、次第につぶれていくんじゃないかと思ってますね。だんだん見放されていって、既存メディアに代わる別のものが立ち上がって、新しいものができていく。世の中のほかの産業と同じことです。

でもガチンコで勝負する記者は希少性がある。そういうガチンコの記者は生き残っていくと思いますよ。ガチンコでやってクビにする度胸のあるマネジメント層なんていない。必ず、相手も返り血、浴びるから。だったら、記者もずるがしこく考えて、とことん今のゆるい環境を利用しちゃえばいい。社外での執筆は届け出ろといっても、黙って無署名で書いたらわからないでしょ。無署名記事でクビになんかできるわけないじゃない。

（インタビューは2013年4月26日、2014年6月16日）

長谷川幸洋氏の主な著作

『経済危機の読み方　日米「破局のシナリオ」』（２００１年、講談社現代新書）
『謎とき日本経済50の真相　俗説・タテマエ一刀両断』（２００３年、同）
『官僚との死闘七〇〇日』（２００８年、講談社）
共著『百年に一度の危機から日本経済を救う会議』（高橋洋一との対談本、２００９年、ＰＨＰ研究所）
『日本国の正体　政治家・官僚・メディア――本当の権力者は誰か』（２００９年、講談社）
『官邸敗北』（２０１０年、同）
『政府はこうして国民を騙す』（２０１３年、同）
『２０２０年　新聞は生き残れるか』（２０１３年、同）

長谷川氏おすすめノンフィクション

●グレン・グリーンウォルド『暴露　スノーデンが私に託したファイル』……アメリカの政治の深層だけでなく、メディア事情もよくわかる。
●半藤一利『昭和史』……昭和史の通史として読みやすい。半藤は「歴史探偵」を標榜しているだけあって、探偵の推理も混じっているが、そこもまた面白い。
●森喜朗、聞き手・田原総一朗『日本政治のウラのウラ』……政治の動き方がよくわかる。エピソードも満載。

第４章

タブーに果敢に挑んでこその週刊誌ジャーナリズム

安田浩一（ジャーナリスト）

安田浩一 （やすだ・こういち）

ジャーナリスト。1964年、静岡県生まれ。「週刊宝石」「月刊宝石」「サンデー毎日」の記者を経てフリーに。『ネットと愛国』で第34回講談社ノンフィクション賞と2012年の日本ジャーナリスト会議賞を受賞。

いまのジャーナリズムには「事なかれ主義」が蔓延している。とりわけ大手新聞社とテレビ局がそうだ。執拗な抗議を受けそうな取材対象には近づこうとしない。

そんな難しい対象の一つが「ネット右翼」だろう。保守系メディアも、あるいは左派系メディアも「キワモノ視」して満足に取り上げてこなかった新興の保守勢力である。在日韓国・朝鮮人が多く住む地域で、大音響で「半島に帰れ」「韓国人をたたき出せ」と差別的なデモ行進をする彼ら彼女らの主張は、確かにまともに取り上げにくい。かといって批判的に取り上げれば、面倒な抗議を受けそうだ。

そこに、あえてリスクをとって取材に取り組んだのが、安田浩一氏だった。彼らの生態を詳細に解剖した氏の代表作『ネットと愛国』は、ジャーナリズム・ノンフィクションの世界で高い評価を得、ベストセラーにもなった。

週刊誌出身の安田氏は「人がやりたがらないテーマこそやりがいがある」という。週刊誌全盛の時代に育てられ、週刊誌のゲリラ的な手法を体得。怯懦な新聞が避けるテーマにあえて挑戦するのが週刊誌の真骨頂だった。いまやその週刊誌も、かつてのようなリスクをとって挑戦する力が衰えた。週刊誌ジャーナリズムの古き良きＤＮＡを継承している安田氏。同業者との横並び意識が強く、しかも自社内のステップアップばかりに目がいきがちな新聞社やテレビ局には、あまりいないタイプのジャーナリストだ。

――ご著書の『ネットと愛国』は、異形の集団であるネット右翼「在日特権を許さない市民の会」(在特会)の実態を解き明かし、たいへんな話題を呼びました。

《在特会は差別的な言葉を使って街宣活動を行う日本最大の「市民保守団体」。「弱者のふりをした在日韓国・朝鮮人がさまざまな特権を享受して、日本人を苦しめている」と主張している。戦後の日本社会の中で、公然と民族差別を唱え、しかも悪罵《あくば》の限りを尽くす集団が登場するのはおそらく初めてのことだろう。

在日コリアンが多く店を構える東京・新大久保をあえて選んで、在特会は「在日コリアンを殺せ」「首をつれ」などとデモを行い、それに抗議をする「レイシストをしばき隊」と衝突。警視庁は2013年6月16日、在特会の桜井誠会長ら関係者4人と、対立する「レイシストをしばき隊」関係者4人の、計8人を暴行の容疑で現行犯逮捕した。

在特会の、徹底した左翼嫌いや日本を自賛する日本中心の歴史認識は、安倍首相の価値観と共通するように見える》

『ネットと愛国』を出版されたころ(2012年4月)と比較して、在特会の存在は相当大きくなったのではないですか?　民主党政権が崩壊し、代わりに自民党の安倍政権になって、安倍さんの持ち味であるタカ派カラーが次第に鮮明になってきています。それと軌を一にして在特会の勢力が拡大しているのではないでしょうか。

安田　そうですね、よく安倍首相のカラーと在特会の台頭を絡めて語られることが多いのですが、別に安倍さんが在特会を動かしているわけではないし、安倍さんによって在特会が強大化したわけでもありません。ただ、社会の空気が、在特会的な言説や運動を次第に許容し始めているように思えます。在特会のメンバーの人数が飛躍的に拡大したわけでも、彼らの物言いがますます過激化したわけでもありませんが、在特会的な主張が次第に一般化しつつあります。

その端的な例が嫌韓本のブームです。いま（2014年3月）書店を覗けば、嫌韓本、嫌中本、歴史認識の自画自賛本が平積みになっています。「週刊文春」や「週刊新潮」の中吊り広告も、まるで日韓・日中戦争の開戦前夜のような煽り方でしょう。僕はむしろそっちの方が怖いんです。

――なんで在特会的な主張を社会が許容し始めたと思いますか。

安田　ひとつは、竹島や尖閣の領土問題で韓国や中国との関係が、日本社会に大きなリアクションをもたらしているということ。いまや多くの人が韓国や中国に反発する言葉を唱えるようになり、韓国や中国への反発が強まっている。日本社会の一部が韓国や中国に強烈な被害者感情を持つようになってしまった。それは領土問題だけでなく、経済においてでもそうでしょう。領土も経済も「奪われた」という感情、そんな喪失感からナショナルな感情を共有する人が増えたと思いますね。

だから社会の「敷居」が低くなっていると思うんですよ。彼らのデモを取材していると、彼らの「韓国人はいい気になるな」というスローガンに対して、「もっともだよな」「そうだよな」と相槌を打つ群衆がいることに気づかされます。週刊誌や嫌韓本で次第に排外的な空気がつくりだされ、それがごくごく当たり前の空気として定着し始めたことが僕は怖いですね。

――背景には、日本の国力低下と格差社会の広がりがあるのでしょうか。ご著書を読むと、在特会のメンバーには日本の社会から落ちこぼれたような方が多い印象を受けます。いまの日本の格差社会の「負け組」みたいな人が、マイノリティをいじめてカタルシスを得る。そんな、いじめの構図みたいなのがあるのではないでしょうか。

安田 在特会のデモで街頭に立っている人たちの中には、日本社会のメーンストリームに乗れていない人も少なくないと思いますよ。街頭デモ参加者に限定すれば、「普通のサラリーマン」と形容できる人は少ない。僕が取材で出会う人のなかには、メンタルヘルスに問題があるようなタイプも珍しくありません。

常に「見張られている」と本当に思っている人もいる。したがって、彼ら彼女らの属性としては「弱者」というよりも、むしろ「環境に適応できない人」が多いと言ったほうがいい。

そもそも数十万人の在日韓国・朝鮮人が日本のメディアや政治を支配していると思い込むこと自体が妄想でしょう。その理解力のなさ、視野の狭さは相当なものです。「在日は年間600万円も政府からもらえる」という彼らの主張する「在日特権」とやらが、彼らの世界で「真実」として流通すること自体がかなり、おかしいです。

ツイッターなどで毎日のように「朝鮮人死ね」とつぶやいている人たちは、だいたい変な人ですよ。何人かは僕も会いましたが、地域社会で浮いていたり、なんらかの形で「病んで」いたり。だいたい朝から晩まで「朝鮮人殺せ」とつぶやいている人が、まともな人間であるわけがない。

しかも、それほど若くもないんですよね。だいたい40〜50歳代。20歳代だったらまだ取り戻せるかもしれませんが、もう取り戻せない年代。そのほうが怨嗟《えんさ》の声が強いのかもしれませんね（注1）。

――自分がビジネスジャーナリストだから思うのですが、その背景には、日本の経済が低迷する半面、韓国や中国が台頭したことがありませんか。東アジアで日本だけが先進国の時代には、後発の韓国や遅れた中国に対して度量の広さをもてたものの、いまはサムスン電子１社に日本中の電機メーカーが駆逐《くちく》されるまでになってしまった。礼儀正しい国と思われた中国には尖閣で漁船に体当たりされた。自分が先を行っていると思っていたのに、追いつかれ、追い越されてしまったことへの反感があるのではないでしょうか。

安田　確かにサムスンの業績に、ものすごく一喜一憂するような人が少なくない。サムスンが調子いいと「この野郎」と怒り、調子悪いと「やっぱモノマネだから」と笑う。小国だと思っていた韓国が今世紀に入って大国化してきたこと、そして韓国の強烈なナショナリズムを、いまの若い人たちは意識せざるを得なくなった。それが２００２年のサッカーのワールドカップの共催でした。あそこで韓国の存在感とナショナリズムをはじめて目の当たりにした人が多かったのではないでしょうか。

国土が奪われ、さらに経済も韓国に奪われた。そういう被害者意識があるんですよね。さらに日本の戦後が生み出した価値観への反発もある。人権とか平和、憲法——。排外主義的な運動をしている人たちは一様にそういうものが大嫌い。朝日新聞が嫌われているのもそこですよ。内実はともかくとして、建て前的には朝日は戦後民主主義的な価値観を擁護してきたでしょう。朝日という会社が背負ってきた看板が気に入らないんです。

戦後の日本社会は、安定し、幸せな人たちを生み出してきた半面、戦後社会が次第に経年劣化して、幸福さに縁遠い人がいま確実に増えている。彼らは口では嫌韓を掲げていますが、本当の深層心理はそこでしょうね。戦後的な価値観への根深い反発がある。

そこで自分たちこそが社会に異議を唱える先頭を走っているという前衛意識を彼らは併せて持っているんです。在特会は、かつて一部の新左翼党派が抱えていた〝思い上がり〟のようなものを持っている。自分たちのことを前衛と思っているのです。自分たち

注1　ただし、こうした「ネット右翼＝社会底辺」説に対して、評論家の古谷経衡は、自身の調査に基づき、ネット右翼は首都圏を中心にした大都市部に住む自営業者など比較的収入に余裕がある中産階級であると指摘している（『ヘイトスピーチとネット右翼』、56～57ページ）。

が前衛として突破口を切り開くと。

――「前衛」ですか。前衛の彼らが安倍政権誕生で「革命」を実現した？

安田　安倍首相の唱える「戦後レジームからの脱却」というのは、まさにそこで重なり合う。在特会の人たちをはじめとした排外主義的な人たちは圧倒的に韓国、中国、メディア、そして教師が嫌い。教育とメディアのせいで日本がおかしくなったと心底、思っている。

――メディアや戦後教育への反発や中韓両国に毅然とした態度をとるというのは、まさに安倍首相が言っていることですよね。

安田　そう。だから安倍政権は生まれるべくして生まれたと思う。

（自民党に政権が復帰した２０１２年暮れの）衆院選総選挙の投票日の前日の秋葉原は、すごい日章旗でした。僕はあのときあそこにいたのですが、安倍さんが来る前の早い時間から日の丸で埋まっていました。「安倍さーん」と、まだ来ていないのに声援をあげていた。在特会の会員も来ていて非常に排外主義的な気分が蔓延していました。

あのとき一番いい席にいたメディアに対して一斉に「帰れ」コールが起きた。彼らからすると安倍さんの顔を拝みたいのに、脚立とカメラが邪魔であると。それで彼らは

「お前らまた安倍を殺す気か」と詰め寄ったりした。

安倍さんはそうした時代の空気を読むのが得意だったのか、あるいは世の中が安倍さんのような首相を求めていたのか、まさに安倍さんは時代の子だったと思うのです。強くなりたい、強くありたいというのと、安倍さんの言う「日本を、取り戻す」、つまりは「日本が強くありたい」というのは呼応してありますよね。

そういう安倍さんが党首である自民党が政権に就いた。だから昔から新大久保デモをやっていた人たちは、それに自信を得るようになったようにも思えます。

――安倍首相は政権掌握後しばらく日銀の金融緩和など経済・金融政策を重視し、政権運営も慎重な安全運転を心掛けているように見えましたが、特定秘密保護法案を国会に提出した2013年10月以降、NHK会長人事、靖国神社参拝など、非常にご自身の政治的なカラーを色濃く打ち出されるようになりましたね。

安田　僕個人としては大いに違和感を覚えますが、いま僕が安倍さんの立場にいたら同じことをやっていたかもしれない。僕は、安倍さんはタカ派というよりも案外ポピュリストなのではないか、と思う。時代の空気を読んで、ちゃんと下々の声を拾って、みんながやってほしいと思っていることをやっているな、と思いますよ。

日本全体がナショナリスティックな空気に流されているのを安倍さんが読んでいる。だからこそ、あれだけの支持率を集めてこられたのだと思いますよ。大衆の気分を読んでいる。さすが戦後ずーっと政権党だった自民党は、すごいやと（苦笑）。

——イヤーな感じですね。

安田　いや、僕は絶望ばかりもしていないのです。

在特会の新大久保のデモが過激化していくと、それに対して危機感を覚えた人たちが「なんとかできないか」と、13年2月から在特会のデモに対してカウンター（対抗措置）をかけるようになった。それまでは「一部の過激な人たちがなんか変なことをやっている」というふうに見られてきた在特会の行動が、さすがに「死ね」「殺せ」という言葉が常態化するようになって、「これはおかしい」と。それで抗議の意思を示そうと、カウンターと呼ばれる人たちが在特会デモを迎え撃つような形になったのです。

昨日（2014年3月16日）、東京・池袋で行われた在特会の集会でも、反差別を掲げる市民団体だけでなく普通の人たち、高校生や大学生たちまでが集まって、在特会に抗議の声をあげました。在特会のメンバーの2倍ぐらいいたんじゃないかな。僕はそこに社会の復元力みたいな力を感じています。絶望ばかりはしていられない、在特会に向かい合おうとする社会の力を僕は信じています。

——在特会を取り上げる記事を、保守派の「週刊文春」「週刊新潮」に売り込んでも、左派系の「週刊金曜日」「世界」に持って行っても載せてくれなかったそうですね（『ヘイトスピーチとネット右翼』145〜146ページ）。取り上げてくれたのは、講談社の「G2」だったと。どこのメディアも扱いにくいうえ、抗議を恐れて嫌がるんじゃないですか。

安田　どこの編集者も面倒くさがる。

——リスク回避？

安田　彼らのことが怖いというよりも、面倒くさいからかかわりあいたくない。これを書いたら面倒だなっていうことがわかりますから。

僕にもありますよ。非通知の無言電話がいっぱいかかってきたり、ネットで嫌がらせを書かれたりとか。一日中電話がかかってきたので、メールアドレスと番号は変えました。

出版社にデモをかけられたりとか、僕の家に突然やって来られたりとか。出版社に抗議が向けられると、出版社の編集者も萎縮しちゃう。

――よく嫌になりませんでしたね。取材に取り組む前に、嫌がらせされるだろうとある程度予想できる取材対象ですよね。あえてそこに踏み込んでいく原動力は何だったのでしょうか。

安田　勇気でもないし、功名心でもないですよ。僕はずっと「雑誌屋」で生きてきたので、人がやりたがらないのをやりたい、大勢に飲み込まれたくない。右から左まで面倒くさがってやりたがらないので、だれもやらないならば僕がやろうと、そう思いましたね。

――ところで何故、在特会に関心を持つようになったのですか。

安田　僕は日系ブラジル人や中国人研修生など外国人の雇用問題について取材をしていて、日本における外国人の在り方に関心を持つようになりました。すると彼らの集住地域では一般の日本市民に在特会的な視点が芽生えていることがわかった。彼ら外国人の数が少ないとお客さん扱いなんですが、数が増えてきて彼らが権利を主張し始めると、とたんに厄介者《やっかいもの》に格下げされてしまう。2000年以降、「外国人、出て行け」と叫ぶ人たちのことを調べていくと、いやがおうにも目に入ってきたのが在特会だったんです。

——最近あまりいない左翼的な問題意識ですよね。『ネットと愛国』のエピローグでは、三里塚で援農（空港反対派農民を支援する運動）しながら街頭でビラ配りをしたとあります。バブル世代の私と同世代（私のほうが一歳年下）で、左翼が衰退していくなかで、どうして左翼性を持ち得たのですか？　もともとジャーナリスト志向だったのですか？

安田　父親が毎日新聞の記者だったんです。それで、一番なりたくないのが新聞記者だった（笑）。とにかく家にいない。しかも、そういう家にいないことを格好いいだろうとする雰囲気が嫌で嫌で（笑）。

父が地方回りの長い記者だったので、転勤が多くて、僕は転校ばっかり。それで不登校になってしまって。僕は生意気で自我が強いので、転校先の雰囲気に同化しようとすることを「よし」とできなかった。いじめられるのがいやで学校に行かなくなっちゃった。

そうするうちに高校生のころから社会運動に興味を持ってしまった。あっちこっちの党派に首だけ突っ込んで、当たり前のように三里塚へ向かった。あそこが革命の聖地と思っていたので。１９８４〜85年ごろのことです。

――かなり珍しいですねえ。

安田　どこにも居場所がなかった。だから何かが欲しくて。いまだったらネトウヨになっていたかもしれない（苦笑）。

高校の時分には左翼的なものに非常にあこがれていました。様々な党派に手紙を書いたり、10代後半の時からルポルタージュが好きで本多勝一さんや松下竜一さん、鎌田慧さんを読んだりしていました。

そうそう、それ以前にエドガー・スノウ（中国革命を書いた『中国の赤い星』の著者）とかジョン・リード（ロシア革命を書いた『世界をゆるがした十日間』の著者）を読んだり、日大や東大の全共闘など学生運動の記録とか「革命文献」を読みあさっていましたね。若者は正しい運動をやらなくちゃいけないと思っていました。

——「革命オタク」だったんだ！

安田　社会主義を信奉していたわけではなかった。女のコと音楽が好きな普通の高校生です。ただし、バブルに突入する時代だったんですが、非常に頭でっかちになっていました。友達とロックバンドをやっていましたが、バンド活動も反体制運動の一環という位置づけでした。なんだか青臭くて、イヤだなあ（笑）。

——じゃあパンク？

安田　セックス・ピストルズやクラッシュなどを聴いていました。でもパンクをやるほどの勇気はなく、普通のメジャーなロックから入りましたが。それでもロックをやる以上、政治的でないといけないと思っていました。

80年代は「スカの時代」だったから余計に政治的なものにあこがれまして。10代、20代のときは徹底的に左翼っぽくありたいと思っていましたし、左翼が格好いいと思っていた。そういうものにあこがれがあった。社会主義革命を望んでいたかというと、必ずしもそうではなくて、むしろ社会をリセットしたい、チャラにしたいと。新しい価値観をつくろうという感じ。在特会の妄想を笑えないのですが（苦笑）、僕の中でそんな妄想をつくりあげていた。

そういうのを引きずりながら20代半ばからアルバイトしてライター業をやっていたんです。肉体労働をしながら社会運動も同時にやっていました。とにかく権力や大資本に立ち向かうのは格好いいみたいな（笑）。

左翼に幻滅したというほど左翼活動に打ち込んだわけではありませんが、いまでも世の中を変えたいという意識は僕の中にありますね。

――光文社の「週刊宝石」（現在は休刊）の記者だったんですよね？　大手新聞社ではなくて、「週刊宝石」というのはなぜですか？

安田　大新聞社は権力の御用機関と思っていたし、週刊誌のゲリラ的なところにあこがれてもいました。自分の父親を見ていたので大新聞社の記者の偽善的な性質を、小さいときからかぎとっていて（笑）。

小さな編集プロダクションを経て、1989年に契約記者として週刊宝石編集部に入りました。

僕が入ったときは、もう週刊誌の黄金の時代ですよ。僕が入った年の夏の合併号は130万部も刷りましたよ。それで実売が7～8割もあって、ものすごく売れました。

大新聞や大権力に対してゲリラ戦で戦うという意気込みで週刊誌に入って、ところが、最初にやった記事がティラミスブーム（笑）。それを皮切りに何でもやりました。事件や事故はもちろんのことグラビア、実用、レストランや温泉の紹介、もうありとあらゆるものを経験しました。「週刊宝石」には休刊する２００１年までいました。同時に並行して「月刊宝石」でも記事を書きました。

――失礼ながら「週刊宝石」はザラ紙週刊誌の中でも娯楽性が高いように思うのですが、安田さんの左翼的な問題意識を満たせた記事を書けましたか？

安田　書けますよ、載りますよ。あのころの週刊誌が良かったのは、何でもやらせてくれたことなんです。しかも「週刊宝石」は「週刊文春」や「週刊新潮」と違って後発だったため、もう勢いがすべて、という感じで。

思いつきのネタが企画会議で通るんです。ネルソン・マンデラが南アフリカ共和国の大統領になったときに、「マンデラのインタビューをやりたいです」と提案したところ、「行って来い」と言われて。英語もできないし伝手《つて》もないのに。それで結局マンデラに単独インタビューはできなかったんですが、大統領就任式は取材できて、しかも現地の現状をルポすることもできた。そうして書いた記事が割と好評でした。

まあ、左翼という意識をもって仕事をしていたのは30代前半まででした。とにかく記者である以上、反権力でないといけない、そうでなければ記者をやってはいけないというふうに強固に思っていました。

その後2001年から2年間、「サンデー毎日」の契約記者になりました。編集部に常駐というのではなく名刺だけ使わせてもらって。それで2003年から独立しました。

ところが生活が厳しくて。フリーになって好きなことに専念できるという喜びでいっぱいだったのですが、実は生活はめちゃくちゃ厳しくなって、記事を切り売りしていかないといけなかった。

いまでは、むしろ自分のやりたいことは、組織内ジャーナリストのほうが結構できるのではないかと思うようになりました。完璧フリーだと、意に反することでもやらないといけないんです。フリーになったのに、好きな仕事をできるという自由を、獲得できたような気には少しもならなかった。嫌な仕事を断る自由はありますが、フリーの喜びというのは、いままであまり感じないですね。

——週刊誌の黄金時代を知る身からすると、いまの雑誌ジャーナリズムはいかがですか？

安田　貧すれば鈍す、ですね。とにかくお金がない。編集費がないと取材ができない。僕が言うのは会食費ではなくて出張費。じっくり腰を落ち着けて取材したいのに「日帰りにしろ」とか「せいぜい一泊」とかで金をケチる。こういう「貧すれば鈍す」というのがいろんなところに及んでいます。さらにネットとの競合や、ネットからの批判を過剰に恐れて覇気がない。それでは取材力がついていかない。

最近の同業者を見ていると安直な記事の作り方が増えたと思います。僕が大好きだった週刊誌が軒並み嫌韓、嫌中を売り物にし始めたのが悲しいですね。知り合いの週刊誌編集部の編集者が「そこそこの読者の需要があるから」と開き直ったように言っていましたが、要は部数低迷の延命策でしょう。スキャンダルをやってこその週刊誌なのに、嫌韓、嫌中ってお気軽ネタでしょう。そのときどきのトピックスに、専門家の電話コメントをつけて、いっちょ上がりみたいな。そのお手軽さが頭にくる。

それって週刊誌が自らの首を絞めることになる。これに慣れっこになってくると週刊誌の取材力が落ちていく。「これが当たり前なのか」と思う若い記者が出てきてもおかしくない。取材する努力をしなくなってしまう。最近の嫌韓、嫌中の記事なんて、週刊誌をかじった人間からすると、たった一日でできてしまう記事ばかりですよ。

――その一方で、やけに取材先におもねる記者が増えている。

安田　そう思う。僕が最近驚くのは、新聞記者が安直にゲラを見せることです。取材相手の談話部分をカギカッコにくくって引用する際に、カッコ内だけを相手に確認のために口頭で読み上げるぐらいだったらわかりますが、いまはそうじゃない。ゲラをそのままメールやファクスで取材相手に送ってしまう。こういうことを前例とされると非常に困ります。取材先が「××新聞さんは、そうやってくれたのに」なんて言われて。

――リスク回避ですかね？

安田　大鹿さんの勤め先の若い記者さんもそうですよ。いきなり白旗を揚げて、ザーッと流してしまう。こっちから求めてもいないのに、地の文を含む記事全文をメールで送ってくる。そうすると、他の人の識者コメントも読めちゃって。ほかの人が結構かっこいいことを言っているから、じゃあ、僕もコメントを少し格好よく直そうかなと思いますよ（笑）。そういうのにびっくりしますよ。「全体のトーンはこんな感じにします」なんて文句が添えられて送られてくる。最近は一部の新聞記者がすごく安直な道を選んでいる。

しかも新聞社が悪いのは、40歳になると、とたんに内勤じゃないですか。それではダメでしょう。40歳にならないと世の中のことがわからないでしょう？

――はい。20歳代のときの記事なんか恥ずかしくて読み返せません。

安田　20代、30代では俯瞰《ふかん》して見ることができない。40になってやっと俯瞰して見ることができるようになる。ところが、よし今からというときに内勤でしょう。これではジャーナリズムが育たない。

本当の取材の楽しさは裏側が見えてくるとき、何か見つけたときの興奮ってあるでしょう。

――はい。事実は小説より奇なりです。

安田　だからこそノンフィクションの魅力を知ってほしい。ノンフィクションはめちゃくちゃ面白い。やりたいという人がいたら、ぜひやってほしい。こんなに楽しく、興奮する仕事はない。そういう興奮を感じないまま仕事をしている人は逆にかわいそう。若いうちから妙に老成して「1年サツ回りをやって、次は県政をやって、そのあと本社に上がって」みたいな社内の階段を上がることしか言わない。

――そういう人、多いですよ。

ところで週刊誌で育ってきた方からご覧になって、「週刊朝日」の「ハシシタ」問題をどう思いましたか？

安田　「週刊朝日」はその程度の意識でやろうとしたのかよと。その程度かよと。その弱腰ぶりも含めて驚きましたよ。

《「週刊朝日」は2012年10月26日号で緊急連載「ハシシタ　奴の本性」（佐野眞一）を始めたが、同和地区を特定するなど不適切な記述があり、「差別を助長する」などと抗議を受け、たった1回掲載しただけで連載を中止した。朝日新聞出版の神徳英雄社長は、ハシシタ問題で引責辞任した》

――佐野眞一さんのデータマンをなさっていらっしゃいましたが、佐野さんとのお仕事はいつからされているのですか？

安田　2003年からです。佐野さんのそれ以降の本は何らかの形でほとんどの作品にかかわっています。

「ハシシタ」問題などで佐野さんは非常に批判されたので、あえて言いますけれど、佐野さんは僕にノンフィクションの面白さを教えてくれた人です。足を使う大切さを教えてくれたのは佐野さんなんです。

もうダメだ、壁にぶちあった、これ以上は取材できない、とあきらめかけたときに、

必ず「もう一軒ノックしよう」というのは佐野さんなんです。僕はもちろん無神論者なんですが、「取材の神様」というのがいると思っています。佐野さんと仕事をしているときにそういうことを何度も体験したんです。本当にもうダメだというときに神様が降りてくるんです。

佐野さんの『あんぽん　孫正義伝』の取材で九州を旅していたのですが、なかなか孫さんの関係者がつかまらない。そんなときにドアをたたいたら「私、孫正義のいとこです」みたいなことがあった。「あきらめようと思ったら、もう一軒ドアをたたけ」という作法を佐野さんとの仕事を通して学んだんです。僕にとって佐野さんは尊敬できる師匠です。

しかし今回の佐野さんが起こした様々な問題

というのは、実は非常に深刻な問題です。そこは恩人だからといって無視できない。

――どんな点ですか？

安田　「ハシシタ」の1回目の記事を読んだときには、正直あまり響いてくるものがなかった。とにかく佐野さんが「俺は橋下市長は嫌いなんだ」と。俺はこれから橋下市長を批判するという宣戦布告しか感じられなかった。最初から突き放す。戦争を宣言する。そんなところがあって、そこに違和感があった。

つまり僕らが誰かを批判するときに気を付けないといけないことへの教訓がある。批判するというときに「俺はこいつを嫌いなんだ」というのをフルスロットルで書くと、結局は読まれない。

それに周囲が「先生」と持ち上げすぎてしまったのではないか。出版界が佐野さんを「権威」にしてしまった。僕はノンフィクションライターは「先生」と呼ばれてはいけないと思う。いつも一介の記者でいないといけないと思っている。

できるだけハードルの高い取材を僕は常に抱えていたいと思っていて、いまでも週刊誌の現場取材を無署名原稿で引き受けることがあります。一記者として事件現場に入って、若い記者たちを競争相手に取材する。その緊張感というのは、たまらない。よーいドンで取材して勝つ。そういう緊張感を持ち続けていきたいと思っています。

――昨年、「週刊ポスト」で中森明菜のヒューマンドキュメンタリーを連載していましたね。

《「週刊ポスト」2013年7月19～26日号で「孤独の研究　中森明菜とその時代」の連載をスタート。11回掲載した》

左翼でロックが、明菜とは意外ですね。

安田　好きだったんですよ。あのころ松田聖子と中森明菜だったじゃないですか。僕の青春です。好きな女の子もほとんど明菜タイプでした。好きであった僕のアイドル、人間明菜を描きたかったんです。

僕が本で書いてきたのは、雑誌でできなかったことばかりだったんです。僕がもともと雑誌でやってきたのは、実はこういう中森明菜みたいなことなんです。僕の「下部構造」は大衆的な興味にあるんです、人々がものすごく興味を持つことをこってりやりたい。そんなことを言ったらポストの編集部が「ぜひやりなさい」と。

――「週刊誌の申し子」ならではの企画、着眼点ですね。

安田　いままでの芸能記者とはなるべく違う文脈で書こうと思って、何日も張り込んで親族に会ったりとか。いま彼女はマンションに引きこもったままですね。何とか彼女本人と話せないかと思っています。彼女とじっくり話して、それができたら一冊のノンフィクションに仕上げたいと思っています。

《「中森明菜とその時代」の連載では、明菜本人への直接インタビューは実現しないまま終わっている》

——明菜ってすごく不安定な感じがしますよね。

安田　僕自身が不安定だったから不安定なアイドルが好きだったのです。不安定な者同士が共振して（苦笑）。

あの不安定さが当時の男子には響いたんですよ（笑）。

（インタビューは２０１３年７月３日、２０１４年３月17日）

安田浩一氏の主な著作

『告発！　逮捕劇の深層　生コン中小企業運動の新たな挑戦』（2005年、アットワークス）
『JRのレールが危ない』（2006年、金曜日）
『JALの翼が危ない』（2006年、金曜日）
『外国人研修生殺人事件』（2007年、七つ森書館）
『ルポ　差別と貧困の外国人労働者』（2010年、光文社新書）
『ネットと愛国』（2012年、講談社）
共著『ネット右翼の矛盾　憂国が招く「亡国」』（やまもといちろう、中川淳一郎との共著。2013年、宝島社新書）
共著『韓国のホンネ』（朴順梨との共著。2013年、竹書房新書）
共著『ナショナリズムの誘惑』（木村元彦、園子温との共著。2013年、ころから）
共著『ヘイトスピーチとネット右翼』（岩田温、古谷経衡、森鷹久との共著。2013年、オークラ出版）

安田氏おすすめノンフィクション

●関川夏央『ソウルの練習問題』……スクープがあるわけでも大事件があるわけでもなく、ただひたすら風景と人物を丁寧にきちんと描いていくことに、「日常にネタがあるんだ」と気づかされた一冊。自分にとっては風景と人物を描くうえでの教科書ですね。

●大熊一夫『ルポ・精神病棟』、鎌田慧『自動車絶望工場』……身体を張ってやる仕事とはこういうものなのかと思い知ったノンフィクションです。取材先に飛び込んで身体に覚えさせる。自分をネタ化させるという手法があるんだと知りました。週刊誌時代に僕も体験潜入ルポをしばしばやるきっかけになった作品です。しかし、大熊さんによく精神病院に潜入させましたね、当時の朝日新聞社はすごいです。

●立花隆『日本共産党の研究』……資料を積み重ねて時代を描く。自分が一生に一冊書けるかどうかという作品です。

第5章

取材相手に無理強いしない「一緒に考える」という立ち位置

大治朋子（毎日新聞エルサレム支局長）

大治朋子（おおじ・ともこ）

毎日新聞エルサレム支局長。1965年生まれ。89年、毎日新聞社入社。サンデー毎日編集部、社会部、英オックスフォード大留学などをへてワシントン特派員、編集委員、外信部デスクを歴任。防衛庁（当時）による情報公開請求者リストの作成に関するスクープで2002年度の、続いて自衛官募集のための住民基本台帳による情報収集活動のスクープで03年度の新聞協会賞をそれぞれ受賞。米メディアの再編の動きを追った「ネット時代のメディア・ウォーズ」で10年度ボーン・上田記念国際記者賞を受賞。

毎日新聞は個性的な記者が多く、いまの全国紙のなかでは産経新聞と並んで読みごたえがある。しかも読みやすい。

毎日の一読者として、書き出しの1、2行の秀逸さに感心する記事にでくわし、「ひょっとして……」と思っていたら案の定、大治朋子氏だったということが少なからずあった。何にニュースを感じるか、それをどういう表現の仕方で伝えるか、という点においてセンスが抜きん出ているように思う。

「ドローン」と呼ばれる遠隔操作で動く軍事用無人機の登場について、最初期に、しかも詳細に日本に伝える記事を書いたのは彼女だったろう。近著『アメリカ・メディア・ウォーズ』では、ジャーナリズム先進国の米国の新聞社の経営難に日本の新聞界の行く末を二重写しに見る半面、調査報道型のNPOメディアやネットメディアが続々登場するところに米国のベンチャー精神を感得している。複眼的見方が奥行きを与え、作品が立体的になる。

紛争地を取材したいと、いまはエルサレム支局長。二度の新聞協会賞受賞とボーン・上田記念国際記者賞という新聞界最高の栄冠に輝くものの、大物ぶったり偉ぶったりしない。170センチを超える長身の、さわやか系の飄々としたひとだった。

――たまたま毎日新聞に掲載された来日中のイスラエルのネタニヤフ首相のインタビュー記事を見て、「日本に帰国されているのだ」と思って、あわてて連絡をとった次第です。インタビュー記事の、その中身の濃さに驚きました(注1)。

《2014年5月14日付の毎日新聞朝刊に大治朋子氏らの手によるネタニヤフ首相単独会見の詳報が掲載されたのを読んで、あわてて帰国中の大治氏に連絡をとり、同16日に東京・飯田橋の喫茶店でこのインタビューの実現にこぎつけた。

同記事では、ネタニヤフ首相が、イランが核技術を北朝鮮に供与し、両国が核開発で協力しあっていることを明かすとともに、イスラエルが先端的なＩＴ産業の集積地であることも紹介されている。私の読後感は、日本に縁遠いイスラエルだが(しかも私自身、中東情勢には門外漢だが)、このイスラエルという地にアンテナを張っておけば、世界の政治経済の動向を探るのに大助かりになるにちがいない、というものだった。それだけネタニヤフ氏へのインタビュー記事の内容が広く深いのに驚いた》

大治　よく(ネタニヤフ氏が)答えてくれましたね。あんまり期待していなかったのですが。

あれは今日(5月16日)、イスラエルメディアやパレスチナメディアにも取り上げてもらっていまして。

――ああいう深いインタビューを成立させるのに大治さんが心がけていることはありますか。

大治　準備ですね。とにかく準備。質問の順番を考えて。それに具体的な原稿の形をあらかじめ想定しておく。さらにニュース性とその場の雰囲気といろいろともろもろ考えています。

――短いインタビュー時間のなかで、「これを一番聞きたいのだけれど、いきなりこれを聞いたら怒っちゃうな」というときにはどうしていますか。

大治　一応、質問する順番をつくって、インタビューのときのシナリオをつくって臨むのです。会話が「こう流れると自然だろうな」というのを考えて、インタビューに向かうのですが、実はインタビューの直前になって用意していた質問の順番――インタビューのシナリオを全部捨てるんです。そうしないと、あらかじめつくったシナリオにインタビューが縛られちゃうから。お会いしたときにパッと話した感じで、直感的に急に

注1　毎日新聞、2014年5月14日付朝刊、「ミサイル開発　『イランの技術、北朝鮮に』　イスラエル首相、本紙と会見」。1、3、6、7面の4個面展開した。

順番を変えますね。思いのほかリラックスしているなと思ったら「いきなりこれを聞いちゃおう」と一番聞きたいことから入ることもあるし、向こうが緊張している感じだったらリラックスさせる質問からいこうかな、とか。

――イスラエルの首相はどのくらいの時間をくれたのですか？　1時間？

大治　いえいえ、30分。

――30分で4個面！

大治　だから私、ものすごい早口の英語でしゃべってね（笑）。自分がしゃべる時間がもったいないので。

――すごいですね。よく30分であれだけの内容を聞き出せましたね。そういうインタビュー術がご自身の中で会得できてきたのは、いつごろからですか。

大治　記者の皆さんはだいたいそうかと思いますが、夜討ち朝駆けをしないといけない若いサツ回りの時代ですよ。刑事さんが帰ってきてから家に入るまでの短い数分間という時間に「何を優先して聞いたらいいのか」というのを、相手を待ちながら考えまして。相手がこう言ったら、こう聞こう、と。それをずっと頭の中でシミュレートしながら、帰宅するのを待っている感じだったのです。

——大治さんは天性の記者ですね。そもそも記者になろうと思ったきっかけは、どんな感じだったのですか。

大治　私の学生時代はバブル全盛期で、節操なく金融も損保も受けたのですが、会社説明会みたいなのがあって行ってみたらこれがなかなか楽しそうだな、と。

それで入りまして、振り出しが阪神支局に3年。そのあと神戸支局3年、横浜支局に2年いて、合計8年のうち7年くらいが警察回りでした。

——そのあとが「サンデー毎日」編集部というのが意外な感じがしたのですが、なぜまた？

大治　強い希望というよりも何となくそういう流れになったんです。当時はいきなり支局から社会部というのはあまりなかったので、ワンクッションをおく必要があって、それで「サンデー毎日」へ。

——週刊誌の編集部に在籍した経験が、その後のお仕事に生きてきたことはありますか？

大治　すごくありますよ。支局時代と違ったのは、週刊誌はまず自分で企画しなくちゃいけない、ということです。自分が企画を立てていいのですから、やりたいことをやりたいと思いますよね。それで興味を持っていることを記事にしたいので、企画力というのですかね、そういうのが身につきました。ほかの出版社系週刊誌と違って「サンデー毎日」はアンカー制度をとっていないので、自分で企画して自分で書く。

——新聞からいきなり来ると、まごつきませんか。

大治　支局時代と違って記者クラブに入っていないので、支局のサツ回り時代に当然のように会えた県警刑事部長に会えないどころか、所轄署の副署長の取材さえできない。当然、そういう当局情報の支えなしでやらないといけない。

住宅地図を手にして一軒一軒まわったり、取材先の人に次の人を紹介してもらい、さらにまた次の人を紹介してもらって芋づる式に取材していったりとか、自分で取材の仕方を創意工夫しないといけない。創意工夫が問われる取材を若いうちに体験したのが非常によかったですね。

たいてい現場に行くと、他の新聞社や週刊誌がすでに同じように回っているのですね。そうすると最初に訪問したところには、すでに「週刊文春」「週刊新潮」「週刊現代」や「週刊ポスト」「週刊朝日」が来ている。さらに回っていくと、置いてある他社の名刺が3、4枚になり、さらに次にいくと、もう1、2枚になる。そして、その次になると、もう誰もいない。私だけ。

最初は団子レースで走っているのだけれど、ホテルに帰ってご飯を食べるのを我慢してもう一軒行ってみようと思って行けば、そこにはもう誰も来ていない。団子レースから抜きん出ることができるの、まるでマラソンのレース展開のように。

そうやって頑張った週は必ずほかの週刊誌と比べて違う、内容が一番面白い。サボった週は明らかに負けている。「サンデー毎日」ではそんな感じで4年間いました。

――そのあと社会部で、防衛庁関連のスクープで2年連続で新聞協会賞を受賞して一躍有名になられたわけですが、振り返ってスクープのとり方のコツみたいなのがありますか？

《防衛庁は、情報公開の開示請求に来た人の身元を調べ、リストをつくっていた。「反戦自衛官」「オンブズマン」など防衛庁にとって好ましからざる人物だけでなく、自衛官試験を受けて落ちた息子を持つ人を「受験者（アトピーで失格）の母」と記したりする差別的なものも含まれていた。この報道で大治氏は2002年度の新聞協会賞を受賞している。

翌年には、同じく防衛庁が、自衛官募集に使うため満18歳の適齢者の情報を住民基本台帳から抽出して提供するよう全国の自治体に要請し、各自治体が要請どおり応じていたこと

をスクープし、2年連続の受賞となった》

大治（1分間ほど考え込む）私が2002年に書いた記事とその後の03年に書いた記事は、もしかすると皆さんも日常の仕事の中で気がつかれ、「あ、そうか」と思っているようなことなんですよ。事実、取材した識者の中には「防衛庁なんだからそのくらいはやるよね」という言い方をした人はいっぱいいました。

あれは、ものすごい国家機密を暴いたというよりも、自分の問題意識によって記事にしたというものなのです。ウォーターゲート事件のような典型的な調査報道ではなくて、たぶん記者の皆さんが日常の中でごく普通に目にしているようなことを、詳しく調べて記事にしたものなのです。

——なるほど。しかし、そうした問題意識というか、最初の疑問から始まったとは思うのですが、ある局面で重要なリストを手に入れますよね。

大治　そうですね。やっぱり付き合っている人を広くたくさんにしておくことが、振り返ると大事だなと思っています。役所や企業の組織の中には、新聞社に積極的に電話をかけて「こんな話があります」なんて告発する人は少ないでしょう。むしろよくあるのは、日常生活の中で、自分が属している組織を裏切るつもりもなく、「でも、これはちょっとおかしいよね」と思っているようなケース。けれども積極的に記者に打ち明けるのではなくて、記者と世間話の延長で「こういうのを変えたほうがいいよね」というようなケースです。

そういう人は日ごろからおかしいと思っているのでしょう。そしてそばに私がいると、その組織を愛するがゆえにこの問題を改善できないかという気持ちがあるのでディスカッションしたいと。そういう気持ちが出てくるのではないですかね。組織を愛するがゆえに変えるべきだと思うようになる。それで私もちょっと調べてみようかなとなる。

情報をあげる人ともらう人という関係でなくて、一緒に問題を考える人という立ち位置になれば、その人も組織を裏切るという気持ちにはならない。私は力を貸してもらうという感じですね。

——力を貸してもらう？

大治　そう。本人が無理と思ったら待つ。無理強いしてネタをとるというのは、私にはないですね。

どちらかというと、そういう人に問題を教えてもらって自分で調べる。でも端緒は確かに権力の中にいる人です。そういう人が「おかしい」と思う問題意識。その問題意識をもとに私が取材する。だから取材力というよりも、日常の疑問、普通の人がおかしいと思う感覚が大事なんです。

——その後は？

大治　それで新聞協会賞をもらって、その後、英国に留学しました。それから米国で特派員をして、東京に勤務して一時期、琉球新報に記者交換で行きました。琉球新報と毎日新聞の編集委員をやって、そのあと外信部のデスクをやって、そしてエルサレム支局長になりました。

——異動先を見て、アメリカ、沖縄、エルサレムと問題意識が進化しているような気がします。

大治　共通するのは、米国における取材がきっかけとなった紛争への関心ですね。

米軍に従軍取材したのですが、もう迷路の中を歩いているような取材でした。アメリカはものすごく大きいので、どこのボタンを押すとどういう情報が得られるのか当初はわからなくて、それが大変でした。

――でも米国でも他社の誰も名刺を置いていないところに大治さんが単騎たどりついたような取材の成果を、ご著書の『勝てないアメリカ』からは感じます。

大治　誰かに会ったら「次の人を紹介して頂戴」みたいな取材を、それこそ繰り返しやっていきました。インターネットでメールアドレスを探したり、もうあらゆる方法で取材先を探して。まったく何もわからないところに放り出されて一からやるというのは、かつての「サンデー毎日」のときみたいでした。

《『勝てないアメリカ』は、アフガニスタンの武装勢力が「即席爆破装置」（ＩＥＤ）と呼ばれる簡易な爆弾による攻撃をさかんに仕掛け、爆発の衝撃を受けた米兵が外傷性脳損傷（ＴＢＩ）という後遺症に悩まされていることを明らかにしている。

大治氏自身も米軍の装甲車に同乗して従軍取材中、ＩＥＤによる攻撃にあった。「爆発の衝撃を受けた直後から、激しい頭痛に襲われた（中略）後遺症はワシントン特派員として米国に戻ってからも四か月近く続いた。一日中、朝の起き抜けのようにぼんやりした状態が続いたし、読んだり書いたりという日常の作業になかなか集中できない。断続的に頭痛も続いた。半年ぐらいはできるだけ無理のない規則正しい生活を心がけたが、明らかに従軍前と違う自分に戸惑うばかりだった」(19ページ)とある。

同書は、こうしたローテク兵器に米軍が苦しめられる一方、無人機の活用など米国が超ハイテクのロボット兵器の時代を迎えたことにも触れている》

――従軍取材中、乗車していた装甲車が爆破されますよね。そういう危険な取材に女性記者を行かせることを会社はいやがりませんか?

大治 最初はダメでした。でも次にお願いしたときに「CNNの女性記者も行っているから」とか言って、戦争保険にも入ってもらってOKが出た。

――原発事故取材でもそうですが、今の新聞社はリスクを忌避する風土が強いと感じませんか?

大治 戦場の取材では本当に何がおきるかわからない。さっきまでまったく平穏な雰囲気の場所が、一気に変な、怪しい感じになっていくのです。あっという間におかしい雰囲気になっていく。住民はそういうのがわかっているから、あっという間にいなくなる。そういうのがわからないと逃げ遅れる。もし私がそこで巻き込まれたら、いろんな人に迷惑をかける。もちろんジャーナリズムは大事ですけれど、なんでもかんでも頭から突っ込むのがいいということではない。

でもやっぱり、現場に行かないとわからないこともいっぱいある。たぶんそれをプロの記者として、すごく安全な道をとりながらできるだけ対象に近づき、しかも瞬時に慎重な判断をしていかないといけない。そういうのをカンも含めて瞬時に判断できるかどうかということにすべてがかかってくる。それができないと思ったら行くべきじゃない。会社も出すべきじゃない。自分が行けると確証をもつなら行けばいいと思う。むちゃくちゃ危険だったけれど結果的にはうまくいったというのも中にはあるでしょうが、欧米の記者もリスクマネジメントを考えてやっている。それは当然でしょう。

――いまのエルサレム支局でのお仕事もそうですか?

《大治氏はイスラム教の習慣に従ってスカーフをかぶって、イスラエルに対立するイスラム原理主義組織ハマスが実効支配する地域で武装勢力の現状をルポした。2013年11月10日付の毎日新聞「S ストーリー」欄の「暴力 憎悪の連鎖 オスロ合意から20年」だ》

大治 危険なときに危険な場所に行けば当然リスクマネジメントを考えないといけない。実弾が飛んでくる。普通のデモ取材に出かけても突然雲行きが怪しくなって、中には大怪我する人もいる。普通のデモ取材も結構危ない。

当たり前ですが、弾丸はすごく遠くから飛んでくるので、ずいぶん向こうの方で衝突がおきていても安全か安心かわからない。50メートル先で衝突があり、誰かがこっちにむかって走ってくるのを見たら、そこで「何だろう」と思っていてはダメで、走ってくる人と一緒にこっちも走り出さないとダメなんです。そうじゃないと逃げ遅れます。デモ取材は、一回一回の取材が真剣勝負。これで死ぬかもしれないと思って取材していますよ。

武装組織のメンバーに会うから危険ということではなくて、普通のデモの取材でも失明した記者はいますからね。助手の安全を含めて無事に帰って来られるかどうか、考えないといけない。

——組織ジャーナリストのメリットを感じますか？

大治　メジャーなところにいると大きな舞台を取材できるし、たくさんの人々に発信もできます。

——辞めようと思ったことは？

大治　一度もない。この仕事を辞めようと思ったことは一度もないですね。

毎日新聞が好きなんです。いい人が多くて、頭が下がるくらい一生懸命仕事をしている。

——よそから見ると、毎日新聞は社内の自由が記者の個性につながっているように見えます。

大治 それもありますが、みんな割と仲がいいんです。1＋1が2ではなくて3や4になる。他社にくらべて人数が多く割けるわけでもないし、突出した能力を持つ個人の力だけでもない。仲のいいメンバーがチームワークでやると勝てるんです。協力によっていい創造作業ができる。

——ご自身が女性であることのメリットや、あるいは困難さはありますか。

大治 最初に新聞社に入ったときは、もうパンダみたいで、「わー、珍しいな」と言われて、どこへ行っても見に来たりされまして。まだ珍しかったからですね。

プラスとマイナス、差し引きするとどうでしょう？ 確かに女性なので、いい部分もありますよ。日本はやはり男社会なので、取材相手からするとなんとなく話しやすいだろうとは思いますね。むさくるしい男性やおじさんより、若い女性記者のほうが話していて楽しいということもあるでしょう。

だから女性記者は最初はスタートがいいのです。なんとなくちやほやされて、特ダネもとれる。それで楽な取材にひたっていると、だんだん、だんだん、男性の記者が力をつけてくる。地道に夜回りするとか、こつこつ取材している男性記者の方が、途中からぐんと力をつけてくる。そういうことがあります。

――女性記者の中で大治さんのような存在はいないでしょう。

大治　だんだん増えてきましたよ。私より何倍も原稿がうまい人や優秀な人をいっぱい見てきましたが、出産や育児とかあって途中で仕事を断念されたり、より勤務時間が短い職場を希望して移られたりする方が多かったですね。

――失礼ですが、ご結婚は？

大治　しています。

――ご夫君とは年に数回しか会わない？

大治　そうですね。

――いまの日本のジャーナリズムで思うところはありますか？

大治　新聞社同士の横の連帯が弱い。アメリカでは、すごくいい調査報道があれば日

本よりもずっと早めに「ワシントンポストによれば……」と転載する。メディアが団結して権力を追及する。日本は他社の調査報道的なスクープは追いかけないでしょう。でも当局が発表したら一斉に書く。
　みんな20代で大きな新聞社に入って、高いお給料をもらってそのままずっと過ごすでしょう。するとすごく視野狭窄になる。
　本来はみんなそれぞれ目的があるでしょう。食べ物屋さんならば、おいしい食べ物を出す、花屋さんなら花を提供する。新聞社だったら、おもしろい、興味深い、ためになる記事を出すべきなのに、そうならない。
　日本人はものすごく手作業が器用で、細かいことが得意ですが、全体を見ることが苦手なように思います。メディアが本質的に戦うべき相手はライバルのメディアではない。権力を乱用する組織や人なのですから。

——毎日はどうか知りませんが、朝日だと社内向けに書いているケースがたまにある。想定読者は社内の上司という、すごく内向きな姿勢です。私もやったことがありますが、社内で自分のパフォーマンスをあげるために「ボクちゃん、仕事やっていますよ」と書く。

大治　それはウチにもあると思います。大事なことは誰に向かって書いているのですかということ。ジャーナリズムという認識があまりにも日本にはない。ないというよりも低いんですね。米国ではごく若い記者が普通に恥ずかしげもなくジャーナリズムという言葉を使いますが、日本では何を青臭いことをと、むしろ嫌われる。

私、イチロー選手が大好きなんです。イチロー選手は天才だけれど、もうこれで試合は終わりというような他の選手がダラダラしているときでも最後までウォーミングアップしているのですよ。あんなにいい成績を出していても1試合、1試合をすごく大事にしている。あの精神力。ひとつひとつの仕事をきちんと大切にやっていくプロフェッショナリズム。

あんなふうにありたいと、常に気をひきしめようとしているのですが、なかなかできないんです（笑）。

——近著の『アメリカ・メディア・ウォーズ』では、そのジャーナリズム大国のアメリカで新聞が衰退し、ネットニュースにとって代わられていることを書かれていますね。

大治　私は、ニュースを運ぶ媒体が二輪車になったり四輪車になったり電気自動車になったりしても、運ぶニュースが社会にとって有益であるならば私たちの仕事はなくならないと思っています。

《大治氏は同書で「私はこの一連の取材で、アメリカに『ジャーナリズムの木』が絶えてなくなることはないだろうという確信を抱いた。それは現場の若い記者一人ひとりがジャーナリズムの重要性を信じ、そして彼らにいろいろな機会や場を提供するアメリカ社会の多様な価値観があるからだ。ジャーナリスト同士もまた、日頃のライバル意識とは別に、同じようにジャーナリズムを追求する仲間として一定の連帯感を保ち、協力しあうさまざまなネットワークを構築している。これこそがアメリカのジャーナリズムの強さであり、生命線であるに違いないと私は思う」（２４７〜２４８ページ）と記している。広告収入の急減などで既存の大手の経営基盤は脆弱になっている半面、新興のネットメディアや運営形態がNPOの調査報道に特化したメディア（プロパブリカ）が台頭している。ジャーナリストの世界もベンチャーによる世代交代が図られつつあるともいえる》

――大治さんのご著書を読んで感心したのは、既存の大手メディアをスピンアウトしてベンチャーのネットメディアを創業する米国ジャーナリストたちのバイタリティーです。まるでシリコンバレーの起業家たちみたいですね。

大治　そのダイナミズムには驚かされました。でも日本ではああいうNPO的なメディアができにくい。日本では新聞社も放送局も大手がものすごく影響力があります。アメリカみたいに小さい新聞社がいっぱいあるわけではありませんし、働く人たちの気質や取り巻く社会環境は大きく異なる。日本はどうしても慎重で保守的、新しいことには常に慎重になりますからね。

私は紙の新聞で育ってきたから紙の方が親しみやすいですが、それでも最近はネットでプラスアルファ的な記事を書くことも増えました。質感は紙の方がいいですが、私は動画も撮っているので。動画は紙では出せないでしょう。

（インタビューは2014年5月16日）

大治朋子氏の主な著作

『少女売春供述調書』（1998年、リヨン社）
『勝てないアメリカ』（2012年、岩波新書）
『アメリカ・メディア・ウォーズ』（2013年、講談社現代新書）
《取材班の一員としてかかわるか、寄稿が収録されたもの》
『個人情報は誰のものか　防衛庁リストとメディア規制』（毎日新聞「情報デモクラシー」取材班、2002年、毎日新聞社）
『ジャーナリズムの条件1　職業としてのジャーナリスト』（筑紫哲也責任編集、2005年、岩波書店）

大治氏おすすめノンフィクション

●Brant Houston and Investigative Reporters and Editors, Inc.『THE INVESTIGATIVE REPORTER'S HANDBOOK —A Guide to Documents, Databases and Techniques』……この本は拙著『アメリカ・メディア・ウォーズ』の取材で、米ワシントンポスト紙の当時の副社長、レナード・ダウニー氏にインタビュー

した際、「調査報道について記者に教える際の教科書がわりに使っている」と教えてもらったものです。

ダウニー氏といえば、あの有名な米国初の本格的な調査報道「ウォーターゲート事件」の取材を統括した人物です。彼は２００８年秋に起きた米国発の金融危機で米メディアの衰退が懸念されるなか、特にその調査報道の行方を案じて米メディアの現状と今後の課題、提言をレポート「米ジャーナリズムの再建」にまとめ、２００９年秋に発表しました。私はそれを読み、ワシントンポスト紙の本社に彼を訪ねました。そのとき彼はこの本をテーブルの上に置き、調査報道のノウハウを共有する重要性や、記者教育の必要性について語ってくれたのでした。すぐに購入して読みましたが、ワシントンポスト紙やニューヨークタイムズ紙の記者らがどんな意識で調査報道に臨もうとしているのかがうかがえ、自分の調査報道のためだけでなく、彼らの感覚を知るうえでも非常に参考になりました。

いま読むと、ネット上での情報収集の方法などは多少古く感じるかもしれませんが、その他の根本的な調査報道に取り組む上での意識の持ち方や注意すべき問題点などは、非常に参考になるのではないかと思います。全文英語ですが、難しい表現はあまりないので理解しやすい内容です。

第6章

腕利き社会部記者の「美学」とセカンドライフ

坂上 遼〈小俣一平〉（探訪記者）

坂上 遼（小俣一平）（さかがみ・りょう《おまた・いっぺい》）

探訪記者。1952年、大分県杵築市生まれ。東京経済大卒業、早稲田大大学院博士後期課程修了（博士・公共経営）。76年、NHK 入局、鹿児島放送局、社会部記者、担当部長、NHK スペシャル・エグゼクティブ・プロデューサー、放送文化研究所研究主幹などを経て退職。東京都市大メディア情報学部教授、弓立社社長、一般社団法人ゆかり協会理事も兼ねる。

自らを「探訪記者」と呼ぶ坂上遼氏の3冊のノンフィクション——『無念は力』『ロッキード秘録』『消えた警官』は、今と違ってジャーナリズムが輝いて見えた「古き良き日々（グッド・オールド・デイズ）」を描いている。あえて古風な「探訪記者」と名乗るのも、往時をしのぶ反時代的な姿勢のあらわれかもしれない。坂上氏は「いま」ではなく、「古き良き日々」を自らのテーマに選んでいる。

「『坂の上の雲』の司馬遼太郎」から命名した「坂上遼」というペンネームを使うのは、NHK社会部出身の小俣一平・東京都市大教授である。探訪記者（ルポライター、ノンフィクション作家）に大学教授、そして経営を譲り受けた出版社の社長と一般社団法人の理事という四足のわらじを履いている。定年で組織を去った後の「生き方」として、退職を控えた後進の企業ジャーナリストの目標となるだろう。

腕利きの社会部記者としてトップにかわいがられ、順当に行けばNHKの出世コースに乗れそうだったらしい。それがひょんなことで左遷され、その「無念」がやがて処女作『無念は力』を産む力になった。

――そもそもなぜ記者になろうと思ったのですか。

小俣　生まれたのは大分県杵築《きつき》町（現杵築市）で、小学校3年生の時から新聞記者になりたくてね。3、4年生のときの担任の佐藤孝義先生（現在91歳）が新聞を授業に採り入れ、クラスを四つか五つの班にわけて班ごとに壁新聞をつくらせるんです。近所で何があったのかを書くのが楽しくて。3年生のときに「少年マガジン」に投稿した「うしやまが全国から」という記事が写真付きで1961年1月1日号に掲載されたんですよ。だから講談社とは半世紀以上のつき合いがある（笑）。

やがてガリ版の学級新聞をやるようになりましたが、それでも飽き足らなくて、自分の住んでいる城山区という地域で、「しろやま子ども新聞」というのを発行しました。発行部数は22～23部。

それが高じて中学で新聞部に入って新聞部長、高校でも新聞部で新聞部長。中学2年のときに顧問の先生から「おまえ、蛙の子は蛙だな」と言われたんだけど、そのときまで私は全然知らなかったので「えーっ」と驚いたのですが、実は親父は毎日新聞の記者出身で、祖父は九州日報（西日本新聞の前身のひとつ）の記者だったんです。

父は戦前の毎日新聞西部本社の記者でした。毎日の西部本社では敗戦の1945年8

月15日の翌日から数日間、白紙の新聞を出したことがあるのです（注1）。それでウチの親父も編集局長と一緒に辞めて大分に帰ってきて、地元の別府大の財政学の講師や教授をしていました。

父も大学の授業で新聞記事を活用しているようでしたね。そのせいか、ウチにはいっぱい新聞があって、朝日新聞をはじめ、西日本、大分合同だけでなく、毎日新聞があって毎日小学生新聞もあって、自由新報や社会新報があって赤旗があって週刊民社もあり、ときどきル・モンドもある、新聞だらけの家なのですよ。

それで子供のころからなじんでいる毎日新聞社に行きたかったんです。

——高校、大学は？

小俣　大分県立杵築高校時代から学生運動に参加していてね。1年の時にエンタープライズ反対闘争で佐世保に行き、2年の時には大分大学にデモに行っていた。18歳の時に東京に出てきたものの大学受験に失敗して、そこから先は予備校に行かずに2年間プータローのような生活をしていました。まもなく20歳になる時に田舎から電

注1　当時の編集局長らが戦争に協力したことの反省を示して発行したもので、「白紙事件」といわれる。

話があって「どこでもいいから大学に入れ」と。それで東京経済大に入学しました。

――東経大といえば、左翼、特に共産党が強い大学という印象がありますが。

小俣　当時はそうでしたね。先生方は構改派（構造改革派）の人が多かったような気がしていましたが。東京経済大学は実に良い大学ですよ。私のような学生を入れてくれて、本当に感謝しています。もし入れていなければ、全く違った人生だったでしょうから。当時は「東の東経、西の立命」といわれるほど、学生運動では日本共産党の民主青年同盟の牙城だったんですよ。民青系全学連の委員長の出身校が東京経済大ですからね。東経大と立命館は民青の拠点校中の拠点校でした。私はブントの下っ端のさらに下っ端として「民青をぶっつぶそう」と加わって、連中が集会をやっているところに鉄パイプを持って殴り込みに行き、自治会を奪いました。1972年ごろのことです。

プータローのときも昼間はデモに出かけるかビラ配りや会社の争議の手伝いに行き、夜は電柱にビラを貼って回るという生活が続きました。

大学に入った時には、だんだん、デモや集会に行くことだけが目的化して、自分がやっていることが見えなくなって、「このままでいいのか」みたいな感じになりました。それで大学1年の暮れには学生運動の仲間から次第に離れていきました。

学生時代は全国私立幼稚園新聞など四つか五つの業界紙を発行しているところでアルバイトをしていて、そこの社長に「小俣君、就職先がなかったらウチにきなさい」と言われていたんです。そこの社長がなかなかいい人で「後になって『自分は全国紙に行けたかもしれない』と後悔するようになるから一応全部受けてみろ」と言われて大手も受けることにしたんです。

——どうしてＮＨＫを選んだのですか？

小俣　採用試験のあった１９７５年はオイルショック後の不況の年で、採用がまったくない。毎日新聞か、地元大分の地方紙の大分合同新聞か大分放送（ＯＢＳ）の記者になりたいと思っていたのですが、両方とも採用試験がないんです。毎日に至っては経営危機に陥ってしまった。私たちの時代は、大学4年の11月（75年11月）が就職試験の解禁日なのですが、毎日新聞がないというのがわかったときには、大慌てでしたよ。

結局、不況の中でＮＨＫを受けたの。当時の不況の中でも圧倒的に採用人数が多かったから。記者は24人、カメラマンを3人とってね。それで１９７６年に入局しました。

——最初は鹿児島放送局だったのですね？

小俣　鹿児島には6年間いました。サツ回りやって裁判をやってスポーツ、教育を担当。自分で言うと恥ずかしいですが、警察取材は、相当熱心にやりました。特ダネの醍醐味や記者の面白さ、充実感を覚えたのはこの頃です。教育担当の時には、鹿児島県教職員組合の話ばっかり取材していました。組合活動をやっている先生を遠方に異動させるイジメみたいなことの実態をニュースで流していました。

1982年に日航機の羽田沖の墜落事故がありましたよね。逆噴射して墜落させた機長の別府の実家には、心を病んだ人が何人かいたということを聞きつけたんです。それを鹿児島放送局のデスクに進言したんだけど、「そんないいかげんな情報を社会部に上げたら、どやされる」とか言って、まともにとりあってもらえなかった。ところがそれを聞きつけた先輩が『週刊文春』に松井清人（現社長）という優秀な記者がいるから、それに教えてやれ」というんですよ。私が「先輩、ウチのネタを週刊誌に横流ししていいんですかね？」と聞いたら、その先輩は「キミ、だれもこのことを書かないと、真実が闇に葬り去られてしまうよ」というんです。

それで会ったこともない松井さんから翌朝電話があり、詳細を話したら文春のトップ記事になったんです。NHKも同じネタを放送するんですが、そしたら私のネタをとりあってくれなかった鹿児島放送局のデスクが「小俣の話していたこと、やっているね」

だって（笑）。そのデスクはまぁ、九州しか知らない人だったんです。

それ以来、文春とつながりができて、主には松井さんとその弟分の木俣正剛さん（現役員、いずれも後に「週刊文春」編集長や「文藝春秋」編集長を務める）とね。NHKで流せないようなネタは2人に報告していた。それだけ仲が良かったし、信頼していました。

――そうなんですか。アルバイト原稿を書いていたのですね。

小俣　アルバイトという感覚はまったくありませんでした。ネタは提供したけれど自分で原稿を書かない限り報酬はもらっていません。報酬をもらうのは書いたときだけですから、大したことはありませんでした。

その代わりという訳じゃないでしょうが、普通では会えないような作家や評論家、芸術家たちとの飲み会に誘ってくれたり、文壇のパーティーに呼んでくれたりしました。私は本当は文化記者になりたかったので、最高に嬉しかったですね。若手の書き手にもドンドン会わせてくれました。いまでは親友と言っていい有田芳生さんや、いまや有名ジャーナリストになった江川紹子ちゃんとか、そのころ知り合いました。この前、直木賞を取った姫野カオルコさんもそうですが、その後接点がなかった。きっと覚えてないな（笑）。

週刊誌はある意味、記者を鍛える場なんです。記事のスタイルが新聞やテレビ局のニュース原稿のように定型化していない。長い原稿を書かないといけない。それに雑誌の編集者は文章をなおすのが上手ですよね。文章を書く訓練になります。

――鹿児島の後が渋谷の本社勤務で社会部ですね。

小俣　はい。最初の年が第五方面（警視庁の区分で、池袋警察署など）。次の年が警視庁捜査2課、4課。本当は文化・教育担当を希望していたのですが、鹿児島時代の習慣でがんばっちゃってね、事件になると、つい熱くなって情報を取ってくるんです。すると警視庁はわずか1年で、東京地検特捜部の担当になりました。以来、1984年から17年間、司法クラブ所属ですよ。84年から88年までは実際のクラブ員。90年から92年は司法キャップ。94年から96年は司法担当のデスクをやっていました。

――私には、社会部のちょっと上の世代の人たちは、左翼びいきなのに、なんで検察や警察、国税といった国家権力に簡単に意気投合するのかな、と不思議でした。そこに矛盾を感じないんですかね。社会党も特捜部も「アンチ自民」だから好き、そんな感じですか。冷戦時代の反映でしょうかね。

小俣　まったくそう、というか、全然矛盾しなかったの。大阪地検特捜部の証拠改竄事件とかああいうのを見て、いまでは「検察イコール悪」という構図だと思いますが、私たちの時代は、「検察とメディアと読者・視聴者」vs「自民党・政官財」という構図だったのですよ。そういう構造が1995年ぐらいまで続いたのではないかと思うのです。

もっというと、私がすごくラッキーだったのは1984年に司法クラブに行って。そのころ特捜部では、石川達紘さんが汚職などを担当する「特殊直告」の副部長でいて、五十嵐紀男さんが脱税など企業犯罪を摘発する「財政経済」の副部長で来て、いずれも特捜部長になるのですが、この2人が仕切るのです。それまでの10年間、つまりロッキード事件以降まったく政界事件をやっていないのですよ。独自に政治家を摘発するのが特捜部の役目なのに、きれいに10年間やっていない。そこで石川さんが撚糸工連事件というのを手がけるんです。過剰になった撚り糸機の共同廃棄事業にからんで、日本撚糸工業組合連合会に有利な国会質問を頼んだり、質問したりした自民党の稲村佐近四郎代議士と民社党の横手文雄代議士を在宅で起訴するんです。まだ特捜部の足腰が弱くて逮捕はせずに在宅起訴なんです。一方の五十嵐さんは特捜部長のときに、ロッキード事件以来十数年ぶりのことなのですが、阿部文男という元北海道開発庁長官を逮捕するんです。

石川さんの家に行くと三好徹の書いた『チェ・ゲバラ伝』や高橋和巳の本があって

ね。国家権力内の反権力みたいな雰囲気が当時の検察にはありました。

検察もマスコミもまだ信頼されていた時代でした。

《日本のジャーナリズムが1980年代まで反権力的なポーズをとり続けることができたのは、いま振り返ってみると、冷戦構造の影響が大きいと思う。ときの自民党政治を撃つために「なんとなく左」がジャーナリズムの大勢を占めてきた。その半面、発表主体には甘く、「役所大好き」の体質が色濃く続いている。その残《ざん》滓《し》はいまもあり、ジャーナリズムの世界は、「役所（捜査機関も含む）大好き＋ちょっと左」の朝日、毎日、東京、共同通信と、「役所大好き＋ちょっと右」の読売、日経、産経に二分される。左右のどちらのメディアも、「役所が大好き」という点では違いがない。「役所に懐疑的」な姿勢は取材先から嫌われるため、そうした姿勢を堅持する記者は少ない》

小俣　ＮＨＫで検察取材をやりながら徐々に書く態勢になっていきました。親友で当時「日刊ゲンダイ」の編集長だった二木啓孝が「月刊現代」の小さなコラムを書くのを回してくれたり、文春文庫ビジュアル版の「B級グルメ」シリーズを5冊、といっても共著ですが、これを書いたりして修業をしました。あの時は、渋谷照美（しぶやのテレビをもじったもの）のペンネームを使っていました。

初めて本格的に書いたのが1988年に宝島社から出た『ザ・新聞』の中の一つです。ペンネームで。「ブン屋『出入り禁止』の不思議」という検察の理不尽なマスコミ対策を告発した文章を書きました。

――田中森一さんが検事を辞めたときに「文藝春秋」に掲載された「東京地検を告発する！　特捜検事はなぜ辞めたか」（88年1月号）は、筆者はフリージャーナリストの真神博さんですが、小俣さんも関係していたらしいですね。

小俣　私は田中森一さんにはまったく会ったことはないんです。一緒に検察を取材していた一年後輩が田中さんのマブダチでね。でも、あの企画を文春に持ち込んだのは私です。私が書かなかったのは、松井・木俣両氏から「小俣さんが書きませんか」と勧められなかったうえ、まだ長いものを書ける自信がなかったからです。

ＮＨＫで書けない話を「文藝春秋」で最初に書いたのは、リクルート事件の捜査リポートでした。読売の副社長がリクルートから株をもらっているというのをＮＨＫのニュース用に書こうとしたら、デスクから「それはダメだ」と言われてしまった。それで文春のリポートの中にもその話を入れて、それが印刷所に回った後になって、「（ＮＨＫで）やっぱりやろう」と言われてね（苦笑）。幸いにニュースのほうが雑誌の発売よりも先でしたが。

――書くものは検察モノばかりだったのですか。

小俣　どうしても多くなりますよね。当時は花田紀凱編集長時代で、その下にいたのが、さっき話した松井・木俣コンビで、彼らとすごく仲が良くて、夜回りに行く前や帰りに編集部に寄って「特捜部の人事話があるけれど……」とか言うと、「それではお願いします」と。テレビじゃ使いようがないですしね。明確に言えることは、「文春に」という気持ちは全くなくて「松井・木俣に」という意識が強かった。だから２人に「すごい！」と言われることがうれしかった。まぁ編集者と書き手の信頼関係なんでしょうね。花田さんは編集の天才ですし、雑誌もまだ絶頂期が続いていましたから。

逆にこちらからお願いして書かせてもらったのもあります。ガンで余命いくばくもない、私の重要な情報源の一人から頼まれて書いたのが、右トップ記事となった「死の床

で懺悔する　我が名はブラックジャーナリスト」でした。

この号は完売した、と後で聞きました。タイトルは花田さんがつけたそうですが、最初これを見たときドキッとしました。「まずいなぁ」って。「私は情報の先駆者」ってタイトルで書いて渡したんですよ。でも本人が病院のベッドで「花田はタイトルをつけるのが上手いな。俺は懺悔しなきゃならんのかな」と苦笑していましたから満足されたのでしょう。まもなく亡くなりました。天野博雅さんという方で、業界ではナンバーワンと言われた『潮流ジャーナル』という情報誌を出していました。

いま振り返ると、検察の失敗は、1998年に大蔵・日銀の接待汚職に手を染めたことだろうと思っています。その前年に四大証券や第一勧業銀行が総会屋に利益供与をしていたことが発覚し、野村證券の酒巻英雄元社長や一勧の奥田正司元会長らが相次いで逮捕された。その捜査の延長線上で、大蔵省が金融検査の目こぼしをしていたことが発覚して、その見返りに接待汚職があったとして大蔵省証券局総務課の課長補佐や日銀営業局の証券課長が逮捕されました。でも本命の銀行局審議官や愛知県に出向中のキャリアにまではいきませんでした。

あのころは、特捜部はもちろん我々取材する方も、「イケイケ」という感じだったことは覚えていますが、これが1、2年後に逆に検察の負の部分が明らかにされるきっかけになっていくのです。つまり大蔵省のしっぽを踏んだことで検察が長年湯水のように使ってきた「調査活動費」の不正利用を暴露する怪文書がまかれ、さらに大阪高検の三井環さんの内部告発へとつながっていく。これをきっかけに「検察の正義」が「薄汚れた正義」になってしまった。「検察幻想」が崩壊したと言っていいのでは。

――ＮＨＫの記者としてやっていくうえで、組織の論理とぶつかったり、記事が改竄されたり、ねじ曲げられたりされたことはありませんか。組織ジャーナリストとしての悩みはありませんでしたか？

小俣　無いといえば、ウソになりますよね。

私は「組織ジャーナリズム」と「企業ジャーナリズム」とは区別しています。非政府組織で活躍している「国境なき記者団」のような「組織ジャーナリズム」がありますから、利益を追求する「企業ジャーナリズム」とは区別して考えているのです。「企業ジャーナリズム」であれば、先ほどのような指摘の事案は多少なりともあります。

私がとってきたネタではないのですが、自民党の金丸信副総裁の5億円事件で朝日新聞が新聞協会賞を取りましたよね。あれは朝日に出る数日前にＮＨＫの司法クラブの検察担当記者がネタを取ってきてね。私が司法キャップで、特ダネとして打つ準備をしたんだけれど、NHKには不文律があって政治家側のコメントは政治部の記者が受け持つんです。今はどうなっているか知りませんが。

――それ。よくないですね。取材している記者が行くべきですね。

小俣　そりゃ、よくないですよ。で、いきなり社会部が取材に行ってはダメで、政治部の担当記者を通せということになるんです。なぜあのころ、あんな馬鹿なルールがまかり通ったんだろう？

それで金丸さんのインタビューというかコメントが必要になったので社会部長に事情を話すと、当然「政治部にやってもらおう」ということになった。ところが、この政治部長は赴任してまだ月日があまり経っていなくて、「俺、まだ金丸さんのところにあいさつに行っていないんだよ、だから待ってくれ」と。

すると、社会部長が「ちょっと延期してやってくれないかな」と気の毒そうに言ってくるわけですよ。この人は〝NHKの良心〟みたいな、みんなから慕われていた社会部長でした。こういうときには「ボツにする」とか絶対に言わないですよ。

それで私は「あいさつするまで待っていたらどこかに出ますよ」と答えると、「いやぁ、ウチの司法クラブがつかんでいたことはみんな知っているから」と。「そういう問題じゃないでしょう」と言ったのですがね。そのときにはもうＮＨＫだから無理だなと思っていました。

――どうして無理だと思ったのですか。

小俣　それが企業ジャーナリズムとしてのＮＨＫの取材姿勢だとわかっていましたからね。ＮＨＫは予算を国会で通してもらわないと運営できないから、どうしても政治家には弱い。特に与党にはね。今はもっとひどくなっているようだけど。

そこでネタをとってきた記者を含めて取材したみんなに「申し訳ない」と謝りました。そうしたら案の定、朝日に出た。すると社会部長が「小俣ちゃん、朝からやろう」と(爆笑)。本当のことをいうと、朝日が書きそうというのはなんとなくわかっていました。担当記者から「どうも朝日がつかんだようだ」という報告を受けていましたから。あのスクープを出した、というか出せた朝日は凄い。それでＮＨＫが朝のニュースから追いかけた。一番喜んだのは朝日ですよ。ときの最高権力者に対して自社一社で対峙するのは結構しんどいなか、結果的にＮＨＫが援護射撃したわけですから(笑)。

――小俣さんは社内の管理職みたいなのを目指したりはしなかったのですか？　偉

くなろうとは思わなかったのですか？

小俣　思っていましたよ。金丸事件もそうでしたが、私は局内でイニシアチブを握らないと自分たちの思っている報道はできないということに気づいていたので、社内権力を握りたいと思っていました。

——しかし、どこの報道機関もそうですが、社会部出身で偉くなる人は、パターンが決まっています。若いころ検察や警察にへこへこして情報をとってくる「権力のポチ」だった人が、出世すると「社内権力のポチ」になる。たいてい法務・広報担当の役員になるというパターンですが、報道機関の広報担当役員のやっている仕事は、役員フロアの不祥事もみ消し係ですよ。

小俣　それは、別になりたくてなっているわけではなくて、むしろ社会部出身者を報道（編集）担当の役員にすると、政財界に対してどういう報道をするのか読めないという恐怖心が、社の幹部たちにあるからではないですか。

とにかくＮＨＫの中で仕事をしていると、いや私はＮＨＫに限らず、どの社もそうだと思うのですが、日本のマスメディアは家父長的支配で成り立っていると考えていま す。新社長が就任すると、その人脈に連なる人たちが力を持つ。それにそぐわない人がはじき出される。どこの組織も同じでしょう。

だから企業ジャーナリズムでは、イニシアチブを握らないとダメ。まあ社内権力を握るということでしょうね。つまり自分が出したいニュースを出せる体制を作らないと無理だなと思っていたのです。

実は私はね、海老沢派なんです。「エビジョンイル」などと言われて巨悪のように見られている海老沢さん（勝二元会長）だけど、素顔は全然違う。「エビジョンイル」というステレオタイプの報道が、悪いイメージを創り上げてしまった気の毒な面があります。だって海老沢さんは「俺はでかくて、ハゲで、この風貌だから損している」とよく自分で笑いながら言っていました。素顔の海老沢さんは、実に太っ腹な、愉快なオヤジという感じ。まぁ気が短いところはありましたが。

――意外な感じですね。

小俣　そうなんです。正月に海老沢さんの家で飲むんですが、いつも和服ですから昔の〝親分〟という感じでね。正月は、お客さんがいっぱいくるんで、膝を組んだままですが、超美人の女性記者が来たときなんか突然立ち上がって着物を直して正座しなおしたりして。本当に照れ屋で、ひょうきんちゅうか……。

それに海老沢さんはきわめて1970年代的な、古き良き時代の自民党的な人でした。左の宇都宮徳馬や田川誠一から右の奥野誠亮や藤尾正行まで幅広く抱えているような、NHK内部の極左もファシストも取り込んでいて、めちゃくちゃウイングが広い。仕事ができる人については、キチンと評価していました。

《海老沢勝二氏は政治部出身の会長。チーフプロデューサーが「紅白歌合戦」などの番組から4800万円を不正に着服していたことが発覚し、警視庁に逮捕される不祥事が発生。同様の職員の不正請求やカラ出張が相次いで発覚し、辞任に追い込まれた。同時期に日経・鶴田卓彦社長、朝日・箱島信一社長も同じようなワンマン体制を構築し、日経は子会社の手形乱発事件が発生、朝日では武富士から不明朗なお金を受け取っていたことが発覚するなど、長期間独裁的に君臨し続けたトップが原因の不祥事が相次いだ》

――同時期の日経や朝日のトップと比べてマシなのでしょうかね？

小俣 多くの人は、雑誌に書かれた記事でしか海老沢さんを知りませんし、NHK内部でも「虎の威を借る」ならぬ「エビの威を借る」人たちのせいで、私もその一人でしょうが、実際の海老沢さんをほとんど知らないまま攻撃や批判をされた人が多かったのではないでしょうか。

しかし、海老沢さんの家父長的組織の構造に乗っかれるかどうかは、仕事ができるというのが基本です。エイズやイスラムの番組を作って一目も二目もおかれていた「岩波文化人」のようなプロデューサーもいましたし、私は法務検察の動きはだいたい知っていましたから少しは存在感があったのかな。何もしてないのはダメですね。

島桂次さんの全盛期の時代、当時の検察幹部から「小俣ちゃん、ちょっと」と言われて、目黒区東山の官舎に行ったんですね。すると、「おまえのところの（島）会長が、ダミー会社をつくってカネの出し入れをしている書類が告発文と一緒に（検察に）届いているんだ」と言われましてね。ぶつを見せてもらって「えーっ」と驚きました。それをくれませんかと頼んだけれど、出処がばれるというので、数字だけメモして帰りました。島さんは結局そのことが後に発覚して、退職金で数千万円を弁済したと当時のNHKの幹部から聞きました。

何が言いたいかというと、情報には価値がある。

口の悪い奴は「記事にしないネタを海老沢にあげて」とか言うけれど。当たり前でしょう、大鹿さんもサラリーマン記者として、何か重要なことがあれば木村伊量さんや社の上司に情報を持って行きませんか。

――私はそういうことはやりません。

小俣　そりゃいいですね。それで、もしもやりたいことがドンドンできて、出したい記事が出せるのなら朝日新聞は企業ジャーナリズムとしては良い職場なんでしょうね。家父長的支配と距離をおきながらも、記者としてやりたいことができ、しかも社内権力の階段もスムーズに上がっていけた人で、私が知っているのは共同通信の編集主幹だった原寿雄さんだけです。私は擦り寄ったわけではなくて、組織内というか「社内の政権与党」にいないと、面白い仕事はできないんじゃないかと考えていたのです。こういう発想がジャーナリズムをダメにしているんだなと、大学で教えるようになって気づくのですが、当時は企業ジャーナリズムとは、そんなもんだと冷めてみていました。

――朝日で言うと家父長的な構造が露骨に出た事例が箱島信一でしたが、読売、NHK、日経、フジテレビ、TBS、だいたいどこもそうで、一度ポストに就くと長期政権化して派閥運営になっていく。読売の渡邉（恒雄）さんはジャーナリストとしての能力が非常に高い人でもあると思いますが、あの経営スタイルが業界の一種のディファクト・スタンダードになってしまった。「あれが許されるのならば俺もいいだろう」と、みんな渡邉さんをまねして。社内はそういう独裁者に付和雷同で付き従うものが多いです。これがいまのマスコミを悪くする根本原因です。株主からも債権者からもチェックが入らないし、労組も機能麻痺。言語の壁があるので海外の同業者が参入するというのもない。

小俣 まったくそのとおりでしょう。それで「おもんぱかり政治」が始まるんです。家父長的な支配構造におけるおもんぱかりが働いているのです。

——ところで番組改変事件はどう思われましたか。

《NHKが2001年に放送したETV特集「問われる戦時性暴力」が放送前から右翼団体などから抗議を受けたため、44分の番組を4分カットして40分にして放送したといわれる事件。朝日新聞は自民党の政治家の圧力が背景にあると報じ、後に朝日とNHKの対立に発展した》

小俣 あのころ、2001年6月に当時の番組制作局長と報道番組の大物プロデューサーと3人で渋谷の金王八幡宮の近くで飲んでいたら、どういう事情か知らないのですが、2人が話をしていて、「(総合企画室担当局長が)やってくれて助かったわ」と言っていました。そのときにエビさんの話なんか一切出ていなくて。

おそらく担当局長に相談したのか、彼から話が来たのか、その際「カットしてもらったのよ」だったか「カットしてくれたのよ」とか言っていたので、事情をまったく知らない私でも「そのカットとかいうのは、まずいでしょう。その分、継ぎ足さないと」と言ったのは覚えています。

ずいぶん経ってから朝日新聞にボーンと出て、「あぁ、そういうことだったのか……」とあの夜の話の意味が何となくわかりました。あれも政治部出身の担当局長の「おもんぱかり」の結果ではないかと思っています。私はあの朝日の記事は高く評価していて、NHK放送文化研究所の「『調査報道』の社会史」という論文でも、「秀れた『特別調査報道』と言えよう」と書きました。

――下々がリスクを忌避しておもんぱかる?

小俣 そう（注2）。でもそういう「おもんぱかり」をやる人を、幹部に据えた任命権者は海老沢さんなので、何かあったときに任命した海老沢さんに批判が向かうのは仕方

注2 ただし、問題となったETV特集の永田浩三編集長が後に出版した『NHK、鉄の沈黙はだれのために』（2010年、柏書房）には、番組放送当日に行われた3分の大幅カットは、当時の番組制作局幹部（伊東律子番組制作局長）が海老沢会長に面談した後、行われたと記述している。永田氏が伊東氏に事実関係を確認にいくと「じゃあ言うわよ……。会長よ」「そう、会長。それ以上は言えない」などとトップの関与を疑わせる記述もある。

がないのでしょうね。家父長的支配構造は、そういうおもんぱかりをつくってしまう。しかしその組織内にいないとおもしろい仕事はできない。自己矛盾、自家撞着を抱えながら企業ジャーナリストを続けていくわけです。

「問われる戦時性暴力」は、番組としてのクォリティーはそんなに高くはないですよ。70年代のスタジオ中心の番組のレベルを出ていない。最初見たときに「よくこんなのが放送できたな」と驚いたくらいだもん。カット問題があって騒ぎになったから有名になった番組なんですよ。内容的には確かに訴えるものはあったと思っていますが。

あのときの朝日の広報担当の幹部は、私が司法クラブにいたときの人で、好人物だが気が弱そうな人だったから、最初にアッパーカットを食らわせたらすぐにひっくり返るだろうと思ったの。それで「朝日新聞の虚偽報道によりますと……」と、あえて「虚偽」という言葉を使うように報道の幹部に進言し、それがNHKのニュースで読まれました。だってNHKの立場としては、「あの記事は嘘だ」と主張している以上、「虚偽」と明示するしかないじゃないですか。なかには「虚偽なんて強い言葉を使って大丈夫か」と心配する幹部もいましたが、私の読み通り、朝日はビビりまくりましたね。私

は、ケンカというのはああやるんだと学生運動の内ゲバの経験から知っていましたから。

——小保さんはNHK内では順風満帆に出世していくわけですか。

小俣　いえいえ、2001年5月、「週刊新潮」に私のことが特集で書かれたのです。「社会部の女性職員に性関係を迫って、断った女子職員が辞めさせられたという怪文書が出ている」という書き出しなんです。私のところに取材に来た新潮の記者に「まず、NHKの社会部に女性職員はいないんだよ。女性でいるのは記者とアルバイトだけ。この3年間に女性記者もバイトも辞めた人はいない。30秒でわかることだから確認してよ」と言ったら、「小俣さん、そんなの、取材して確認したら書けないでしょう」と言うんだよ（苦笑）。

私が海老沢さんの子分だったので、こいつをたたいてやろうという感じで書かれたのか、「文藝春秋」と「週刊文春」によく書いていたので、「週刊新潮」としてはおもしろくない奴だと思っていたのかはわかりませんが、いずれにしてもＮＨＫ内部の人間の仕業ですね。

それで会長の逆鱗に触れて飛ばされた。

——でも事実無根なのでしょう？

小俣　はい。私は当時社会部統括だったの。現場を統括している社会部のナンバーツー。社会部長の次のポストで、社会部内だけでなく全国の地方の事件事故を取り仕切る立場でした。それでこのまま行けば……と出世が見えてきたところに、「週刊新潮」に出てしまった。事実無根とはいえＮＨＫはスキャンダルがご法度で、ああいうのが出ちゃうと厳しい。

それで、番組やニュースをチェックする考査室というところにいくんです。３年間塩漬け人事ですよ。

アタマに来たから新潮社を名誉毀損で東京地検特捜部に告訴したのです。それで木曜発売の「週刊新潮」を作らせないようにしてやろうと思って、月、火曜日に「週刊新潮」の編集長とデスクを地検に呼びつけて検事の取り調べを受けるような算段を考えましたよ。でも2年も経過した頃、仲良しのヤメ検の弁護士から「特捜部が事情聴取を始めるようだ」と言われたけれど、「もういいかな」と思えるようになってきて……。自分もどこかで他人を傷つけているんだろうなって殊勝にも思ったんですね（笑）。で、告訴を取り下げました。

実はその後、私はNHKスペシャルのエグゼクティブ・プロデューサーとして復活するんです。しかし復活1年後に今度は海老沢さんが職員たちの不祥事の責任をとって辞任して、海老沢派自体が崩壊してしまって（苦笑）。それで役員になる目はもうないと思って、「それじゃ」となりたかった職業の一つだった大学教授に転身しようと考えました。当時中央大学の非常勤講師をしていましたので、志願して研究職である放送文化研究所に異動させてもらいました。それで早稲田の大学院に入ったら教授陣に恵まれたこともあってハマっちゃって、今度は博士号をとろうと思ったんです。ノンフィクション作家の野村進さんが拓殖大の教授をしながらノンフィクションを書いていたので、ああいうのが理想だなと思ったんです。

――そういう無念があって『無念は力』を書こうと思ったのですか？

《『無念は力』は、38歳で亡くなったルポライター児玉隆也の生涯を追ったノンフィクションである。小俣氏がこの取材にとりかかったのは44歳の1996年のときで、上梓するまでに6年半を費やしている。「本業を抱えている以上、休日くらいしか取材に動けず」（おわりに、373ページ）とある。生命保険を解約して取材資金を捻出し、休日に全国を旅して取材を進めた。

『無念は力』は、児玉隆也氏の数々の「無念」——書こうとした記事が田中角栄サイドの圧力によってボツになった「無念」、あるいは3児を残して急逝してしまった「無念」——を想い、児玉が「『書くこと』で『無念』を克服してきた」と位置づける》

小俣　いやいや、人にはいろんな無念があるので、それがいつも仕事と直結しているわけではありません。確かに失脚したことも執筆に弾みがついたという意味では大きい理由ですが、取材を始めたのはそれ以前ですから。むしろ最も信頼していた人に裏切られたことによる人間不信や自分の不甲斐なさ、さまざまな無念な気持ちからスタートしたのです。

そのころ一緒に飲んでいた文藝春秋の編集者に「大学時代に読んだ児玉隆也さんが好

きで、いずれこの人のことを書いてみたい」と話したのがきっかけで、ご遺族を紹介してもらい、取材を始めました。

まず児玉さんの遺族から大小6つの段ボール箱の資料を借りました。児玉さんはものすごくきれいな字で取材メモを書いていて、それにスケジュール帳も残されていたので、これらの資料を読み込んだり名前が出てくる人たちに取材して確認したりと。仕事をしながらですから取材に4年以上かけたと思います。

そしてちょうど2001年の私の失脚、左遷の時期とも重なって一気に執筆に向かうわけです。これが成功したら探訪記者、つまりフリーのルポライターになろうと思っていました。講談社ノンフィクション賞の最終候補まで残ったのですがダメでした。で、結局、NHKも辞めるに辞められず。その後も本の構成を考えたり取材したり執筆したりという日々を送るのですが、それはそれで愉しかった。好きなんですね、そういう生活が。

——この『無念は力』をはじめとして、吉永祐介主任検事らを描いた『ロッキード秘録』、菅生事件を追いかける記者たちの物語である『消えた警官』、坂上遼名義の3冊のノンフィクションは、古き良きジャーナリズムへの懐旧が感じられます。

グッド・オールド・デイズですね。

小俣　そうです。私は、そういうジャーナリズムが輝いていた頃のことを書こうと思っているんです。

いま用意しているのは、検事と記者との関係を描きながら、コンプレックスや嫉妬をバネにして事件を解明していったという話です。でも大学って忙しいところでなかなか時間がとれずに悩んでいます。

私はね、書くんだったら5年たっても10年たっても読み返されるようなものを書きたいと思っているのです。最近のノンフィクションは一回読んだらオシマイで読み返すような内容のあるものが少ないでしょう。

——なぜグッド・オールド・デイズに材をとるのでしょうか。週刊誌や月刊誌のバックナンバーを見て思うのですが、やはりかつてのジャーナリズムには「いいものをつくろう」という意識が、いまよりもずっとあったからでしょうか。

小俣　そのとおり。いまはどこの新聞社も放送局も金太郎飴みたいな企業ジャーナリストばかりつくってしまって。以前は「突破者」が多かったのに。

それは、そんなとりたてて有名なジャーナリストでなくてもいいんです。存在感のある人、一家言持っているような人が、どの会社にも必ずいたものだけれど、いまはすっかりいなくなっちゃったね。

たとえば私の場合は、振り出しの鹿児島放送局の時代の3人のキャップとデスクにはとことん鍛えられて。「鉄は熱いうちに打て」と徹底的に基礎を叩き込まれました。10歳年上の県警キャップからはとにかく「がんばれ、苦しいときはみんな苦しいのだから、とにかくがんばれ」と叱咤され、社会部出身のデスクからは「記者はモノをもらうな、ただ飯を食うな」と記者の矜持を教わり、最後に整理部出身のデスクからは「担当以外の本も読め。何でも読め」と広い視野を持つよう諭されました。地元の西日本新聞の先輩たちからも同様に教育されました。当時は社を越えて「記者を育てる」という気骨のある人が結構いましたね。

いまは「デキスギ」君みたいなのばかりが入ってきて、私が先輩たちに叩き込まれたことを教え込もうとするのですが、あんまりうまくいかない。それに最近はやたらとコンプライアンス（法令遵守）ばかりを言うようになって……。記者はコンプライアンスと違法の境目を上手にくぐり抜けて取材していく商売でしょう。「記者の基本は『カン・ド・ス』だ」と後輩たちに言ってきました。「勘」と「度胸」と「スピード」だって。

羽目を外すのを極度に嫌う、「週刊誌とは付き合うな」と言ったりして。純粋培養、純血主義。それでは幅が広がらないですよ。

最近は組織内では常に管理が先立つようになっている。それでますます自己規制が強まっているように思えます。そこが今の若い人たちは気の毒ですよ。

――本名の小俣一平で書かれた『新聞・テレビは信頼を取り戻せるか』の中で、「調査報道こそジャーナリズムの原点」というふうに主張されていますよね。

小俣　ＮＨＫの記者アンケートでも9割の人は「調査報道をやりたい」と思っているんです。せっかく本人ががんばって「調査報道です」と原稿を持って行っても、「こんなのは違う。リクルート事件みたいなのが調査報道なんだ」とデスクに言われて、がっかりというケースもいくつか聞いています。

だいたい、みんな調査報道が何かわからないのですよ。人それぞれによって定義が違う。

それならまずハードルを低くして、①自分が取材しなければ誰も気がつかないネタを、②自分で掘り下げて取材、あるいは企画し、③思い切って「ＮＨＫ」の調べによると……と会社のクレジットで書いてみる。身近なところから、他社が知らないだけでなくて、世の中の人が気付いていないネタを探してみよう。そこから「調査報道」は始まるんだと思うんですね。

朝日新聞でリクルート事件を手がけた山本博さんのような権力を糺すようなものは、「特別調査報道」と位置付けましょう。調べていてどうも違うことが分かってきたという大阪地検の証拠改竄事件のようなものは、これは「発展型調査報道」と呼びましょう。そういうふうにきちんと段階や定義をつくってやろうと思ったのです。

とにかく発表を待っているのではなくて、自分がハンターとしてやるのが当たり前の話でしょう。「発表」という待ちの姿勢から、「調査報道」という打って出る本来の記者の姿に回帰してほしい。それに「常に調査報道のネタはないか」と考える習慣がつき、様々な事象に問題意識をもつようになる。

――四足のわらじを履いていますよね。出版社の社長もされているそうですが。

小俣　吉本隆明さんの本をたくさん出していた弓立社《ゆだちしや》の経営を引き継ぎました。社員は私一人だけ。いまのところ出版したのは、原寿雄（小和田次郎）さんの自選『デスク日記１９６３－６８』（２０１３年５月）と、東京新聞の村串栄一さんの癌の闘病記『がんと明け暮れ』（同11月）だけです。２０１４年の７月下旬には、学生運動つながりで、菅原則生さんの『浄土からの視線』という吉本隆明論を出します。『デスク日記』は2200部刷って、まだ800部くらい残っています。マスコミの人が本を読まなくてね。我が社は2200部しか刷らないのですが、それは私の給与なしで、ギリギリ1冊220万円で本が出せるからです。実は持ち出しばかりですが、私は競輪、競馬、競艇、ゴルフ、それにパチンコ、スロットなどは一切やりませんから、その分だと思っています。とはいえリスクをおかせないので、そこどまりです。坂上遼名義の本はここからは出しません。発行部数の少ない会社ですから（笑）。

――ラインナップとして狙っているのは、古き良きジャーナリズムの本を出すということですか？

小俣　はい、そうです。なぜマスメディアが信頼を失ったのか。私たち古い世代があこがれた新聞記者の世界はどこへ行ったのか。そういうことへの「回答」になるような本を出していきたい。

――ところで安倍政権になってからの「NHK問題」をどうご覧になっていますか。

小俣　最初、籾井勝人会長の発言を聞いたとき「三井物産ってあのレベルで副社長になれるんだ」と（笑）。ひょっとして三井物産って、どこかの宗教団体みたいに150

人くらい副社長がいるのかなと思いましたよ（爆笑）。私は安倍政権、あるいは安倍・菅義偉官房長官の率いる「無血革命政権」が放送局を占拠する第一弾と見ています。革命政権は必ず放送局を奪取しようとするものなんです。百田尚樹、長谷川三千子両氏のＮＨＫ経営委員への起用もそうでしょう。

現場は本当に大変だと思いますね。

――部下や後輩からＮＨＫ内の空気を聞きませんか。

小俣　聞きますよ。もう「とにかく情けない」と。よりによって、ああいう人をどこから探してきたのか、と。ＮＨＫという権威をぶち壊す意味はあるかもしれないけれど……。

でもねえ、早くも籾井会長に擦り寄っている奴がいるというから救われないなって思います。要するに「おもんぱかり」なんだなぁ。ＮＨＫのいまの幹部クラスはとにかくおとなしい人が多くて。「なにくそ」とか「倍返し」という気概のある人が少ないように思います。そのうち「会長の言うことを認めざるを得ない」なんて言い出してくるんじゃないかな。いやもう始まっているでしょう。安倍政権が続くうちは、歴史認識を問われるような番組制作は無理じゃないの。８月15日の終戦記念日までの１ヵ月にどういう番組をつくるのか、そこがまず試金石になるでしょうね。
ただ今回のことで、公共放送を奪取しようとする政権の動きや会長の動向を国民が注視するようになったと思うので、メディアが引き続き監視、報道していくことが重要ですね。

(インタビューは2013年9月9日、3014年3月3日)

坂上遼（小俣一平）氏の主な著作

《坂上遼》

『無念は力　伝説のルポライター児玉隆也の38年』（2003年、情報センター出版局）

『ロッキード秘録　吉永祐介と四十七人の特捜検事たち』（2007年、講談社）

『消えた警官　ドキュメント菅生事件』（2009年、講談社）

共著『ちょっと長い関係のブルース　君は浅川マキを聴いたか』（2011年、有楽出版社）

《小俣一平》

『新聞・テレビは信頼を取り戻せるか』（2011年、平凡社新書）

共著『調査報道がジャーナリズムを変える』（2011年、花伝社）

坂上氏おすすめノンフィクション

●本田靖春『我、拗ね者として生涯を閉ず』……本田さんの作品は『私戦』『誘拐』『不当逮捕』などいい作品が多いけれど、それらを総合したのがこれですね。ここからスタートして諸作品を読むのがいいと思います。

●辺見じゅん『収容所（ラーゲリ）から来た遺書』……ウチの学生たちとつくるマスコミ研究会で、最初に読ませているのが本書です。

●後藤正治『リターンマッチ』……これも学生にノンフィクションを読ませるときに、薦めている本です。学生たちは、スポーツものだと構えなくてもノンフィクションにスムーズに入っていけるようです。

第7章

生活と作品が連動、子育てと家族の問題を追いかける

杉山　春（ルポライター）

杉山 春（すぎやま・はる）

1958年、東京都生まれ。雑誌記者・編集者を経て現在、フリーのルポライター。主に育児や家庭の問題をテーマにしている。『ネグレクト』で第11回小学館ノンフィクション大賞を受賞。

日々のニュースのなかで、最も見聞きしたくないのが、死に至らしめるような児童虐待事件だ。初めてそうした陰惨な事件を知ったのは1980年代の米国の事例だったが、まさか日本でこれほど広がるとは思わなかった。厚生労働省の統計によれば、2012年度の全国の児童相談所における児童虐待の相談件数は6万6701件にもなる。

神奈川県厚木市の5歳児の餓死事件、預かった2歳児を死なせたベビーシッター事件。そして栃木県今市市（現・日光市）の小1女児の殺人事件では発生から9年たって容疑者が逮捕された。子どもが犠牲になる異常な事件も、頻発するにつれ日常のニュースとして消費されてゆく。

フリーランスのルポライター、杉山春氏は長年、育児や家庭の問題を追い続け、2000年に起きた段ボール箱の中で餓死した真奈ちゃん事件（当時3歳）を取材した『ネグレクト　育児放棄　真奈ちゃんはなぜ死んだか』（小学館）で第11回小学館ノンフィクション大賞を受賞している。近作『ルポ　虐待——大阪二児置き去り死事件』（ちくま新書）では、記憶に新しい2010年の夏、大阪市のマンションで二人の子供が餓死した事件を取り上げた。

――児童虐待のニュースを見聞きすることが日常的になりましたが、本当にいやになります。

杉山　多いですよね。すべての事例を知っているわけではないので客観的なことは言いにくいですが、貧困層というか、困難層の中で起きている事件が、とても多いように思います。逆にいえば、そういう困難層からの悲鳴のようなものがあがっているようにも思えます。そのなかで、子どもたちはかなり厳しい状況を生きているのではないかという思いがあります。

――ご著書の『ネグレクト』、そして『ルポ　虐待』をお書きになったきっかけは。

杉山　息子が１９９６年に生まれて、子育ての真っ最中、子育て物のルポを書いていたころの２０００年に、『ネグレクト』で取り上げた真奈ちゃん事件が起きました。あれからもう10年以上たつのですが、その間次第に児童虐待の性格が変わってきたと思うようになりました。

以前は虐待は家庭の中で起きることと捉えていたのですが、２０００年代の半ばから家庭の外で虐待が起きていると感じることが増えました。女性が子どもを連れて家を出て、新しい男性のもとにいき、そこで新しい男性による虐待が起きる。しかもその男性が、自分が産んだ子どもを虐待しているのを見ていても、実母は止めに入らない。そういう形が増えてきているなという印象を受けました。

あるいは、お母さんが子どもを抱えたまま、住む場所を失って、友達のところを転々としているという事例が増えてきたという印象も受けていました。

変化を知りたい。何が起きているのかを知りたかったというのが『ルポ　虐待』を書くきっかけです。

――厚生労働省によると、２０１２年度に全国の児童相談所で相談対応した児童虐待の件数は、児童虐待防止法施行前の１９９９年度の５・７倍の６万６７０１件になりました。その中で毎年50人を超える子供たちが虐待死しています。おそらくこれは氷山の一角で、実態はもっと深刻なのでしょうが、いったい日本の社会でどういう変化が起きているのでしょうか。

杉山　相談件数が増えるということは、それだけ虐待への理解が広がってきているということでもあり、必ずしも悪いことではありません。ただ、困難な人々が増えていることも事実だと思います。具体的にいえば、離婚が増え、母子家庭が急激に増えています。20歳未満の子どもを抱えた母子家庭は、１９９５年に約48万軒だったのが、２０１

0年には約76万軒になりました。2000年代半ばぐらいから、子連れで風俗産業で働く若い女性が増えてきました。

99年の厚生省の調査で、55歳以上の女性で、生涯に5人以上の性的パートナーを経験した女性は2%ぐらいですが、それが18歳から24歳では約38%になっているという結果もあります。日本人の性がすごく大きく変化し、男女のつながりもこの10年、15年で大きく変化したことが背景にあると思います。

社会構造の変化と、性のあり方の変化は、実は深く結びついている。そして、児童虐待のあり方の変化は、社会の構造変化と深く結びついていると思うんです。

もう一つは就労の問題があります。90年代から派遣労働が増えました。親が安定しない中で子どもたちが育っています。男性も女性も仕事が不安定化し、家族と就労という人を支える土台のところがものすごく大きく変わりました。そこで子どもを育てるというのは大変だろうという思いはありました。

実際に家族形態が、くっついたり離れたりというのがすごく速い。特に10～20歳代の人が結婚して、それができちゃった婚で、早い妊娠を経験して、ものすごく早く離婚してしまう。特に困難層でそれが起きている。性によって家庭ができて、次に子どもができるという順番ではなくて、性によって子どもができたから、じゃあ、家庭をつくりましょうと。それがいま、ほんとに多いと思います。

——「負の連鎖」のような感じで、虐待された体験を持つ人が親になると、自分もわが子にやってしまうように見えます。

杉山　虐待は必ずしも連鎖をするわけではないと思います。自分が虐待を受けて育ったからといって、必ずしも虐待をする母になるわけではない。

でも、虐待を受けて育った人たちは、何かしら、生きにくさを抱えているように思えます。専門家に話を聞くと、子どもが死んでしまうほどの激しい虐待には、必ず連鎖があるといいます。

——それは幼児体験のフラッシュバックということですか？

杉山　虐待について急速に解明されてきていると思われますが、人はやはり自分が育てられた以上の子育てのイメージを持ちにくいということが、あるのではないでしょうか。親が育てたように育てる。ほかの家族を知らないので、違う育ち方があることを実感として知らない。

虐待を受けて育った場合、愛着形成（特定の人に安心感を持って接し、特別の情愛を抱くことができるようになること）ができない。人が安心して生きていくためには、子ども時代に母親など主たる養育者との愛着形成があることが大切です。

幼少時にひどくつらい体験を持った人の中には、解離的な傾向になる人がいることが知られるようになりました。つらい体験をしている間、自分自身の感覚を閉ざすことで生き延びようとする、心理的な防衛機制です。しかし、そうした防衛機制が日常生活では支障をきたす。自分がいつも膜のような中にいて現実感が持てなくなる、あるいはある時期の記憶を失ってしまう。そういう解離的な特質を持つ人の背景に虐待があると専門家たちの間で言われるようになってきました。

でも、そうしたことを、福祉の分野ではない人たちはまだ知らない。

知識が深まっている人と、そうではない一般の間に現状は大きな乖離があります。

裁判員裁判では、ごく一般的な知識の、常識の範囲内でしか判断されません。専門的な知識が共有されていないのです。専門的な研究がもっと一般化していかないと、お母さんを30年間刑務所に閉じ込めておいておしまいです。それで虐待が減るわけではない。

解離的な傾向を帯びるほどの厳しい体験のある人たちをどう治療し、どう予防していくかということを考えていかないとならない。30年間その人を社会から遠ざけておけばいいということではない。日本の刑務所では基本的に虐待の治療は行われていません。大阪二児置き去り死事件を起こしたお母さんを30年間、刑務所に入れたところで、彼女の抱えている問題は解決できない。

私が取材した限り、彼女は裁判の後になっても自分が起こしたことへの認識が戻ってきていない。自分の子を殺したことに向きあえていない。罪を犯した後、治療が大事なのにそういう体制がとられていない。

虐待が起きると、どういう結果を生むのかが、もっと一般的に知られる必要があると思います。

——虐待が連鎖しているとしたら、近年ではなく、昔から日本社会にもあったということですかね?

杉山　もちろんですよ。

日本国内で虐待という概念が広まっていくのは、1994年に子どもの権利条約が批准されたことがきっかけでした。

児童虐待の統計がとられ始めたのも、子どもの権利条約を批准するために必要に迫られてのことでした。それまでは子どもの権利自体が認識されていなかったので、見えていなかった。

「昭和」の時代に児童虐待がなかったなんてありえない。たとえば、2000年に愛知県武豊町で起きたネグレクト事件を取材して『ネグレクト　育児放棄　真奈ちゃんはなぜ死んだか』を書きましたが、この母親は80年代のバブル期にネグレクトを受けて飢えを体験しています。

――これだけ児童虐待が増え、虐待的な児童体験を経験した人たちがやがて成人していったときに、日本の社会はどういう風に変容するのか。そんなことが気になります。

杉山　少子化の影響で、身近に子どもを知らない人たちが増えています。そういう人たちは、呼吸するように自然に子育てすることが難しい。

子どもはいろいろと多様な動きをし、ゲームや家電のようにボタン一つで動くわけではないので、子育ては他の日常生活とのギャップが大きいと思います。

子どもとしては「明日もここで安定的に生活できる」という環境で育った方がずっと安定するのですが、両親がものすごく仲が悪いとか、いつ家庭が壊れるかわからない状態の中で生きていくことは、とてもつらいことですよね。

虐待を受けて、大人との愛着形成ができないまま育つと、自分に自尊心ができない、あるいは社会を信じられなくなる。自分が困っているときに「困っている」というSOSを出すことを教えてもらえない。それを学べないまま大人になっていく。社会や大人を信用できない。常に不信の中で生きていきます。

同じ行為をしても、そのときのお父さんの機嫌が悪いと激しく殴られ、機嫌が悪くなければ殴られないかもしれない。大人や社会が自分の行動にどういう風に反応するのか見当がつかないまま育っていく。

いまの母子家庭は「カプセル化」しており、母子2人で暮らしている場合、お母さんが子どもを虐待したときに「ひどいね」と言ってくれる人が現れない。

もし社会とのつながりがあって、「あれはおかしいね」というようなことを言ってくれる人がいたら、他人の言葉から自分が親にどのようなことをされたのかわかる。

しかし、完全に孤立化・カプセル化している中で虐待が起きると、価値観自体が混乱する。今後、孤立する家庭で育つ人が増えれば、成人しても人間を信用できないという人たちが増えていくと思います。

いま「ひきこもり」が増えていますが、ひきこもりの人たちへインタビューをしていると、子どものときに傷ついているケースを見受けます。虐待が背景にある場合がある。幼少時にひどい目に遭うと、非行化して反社会的になったり、あるいは活力を失ってひきこもって生活をしたり。少子化だというのに、せっかく生まれてきた命が健康に育っていかない。もったいないことだと思います。

人格ができあがる前に、その人しか頼れない人から激しい言葉を受けたり暴力を受けたり愛情のない体験をさせられたりというのは、人間の根幹にかかわる、かなりの破壊力があると思います。

——重大な犯罪を引き起こす？

杉山　というか、非行を起こした少年のかなりの比率が、虐待を受けて育ってきた人たちですよ。非行と虐待はものすごく親和性が高い。

——『ネグレクト』にしろ、『ルポ　虐待』にしろ、当事者があまり話したがらない取材だと思いますが、どのように取材されましたか。

杉山　ノンフィクションとして本を書くという行為は、新聞やテレビのような報道を競争しあうような性質のものではないので、じっくり待つ。私はたぶん他の記者さんと比べて長くその現場に通うわけです。そうやって何度も何度も回っていると、だんだん取材対象者が聞いてほしいような事柄、むこうが自分の言葉で言いたい、あるいは釈明したいようなことが耳に入ってくるんです。マスコミに絶対会わないと言っているような人でも、そういう投げかけをすると、会っていただける。そんなことがありました。

そういうのを結構何度も繰り返して、あきらめない。

あと、私、あんまり取材上手ではないんです。矢継ぎ早にどんどん聞けない。なめらかに話せない（笑）。

——相手の言葉が出てくるまで、じっと待つ？

杉山　だらだら、だらだら、長時間。意外とだらだら取材しますね。2時間、3時間は平気でありますね。

すると、なんかひょいと言葉が相手から出てくる。そこから、ですね。でも後になって、もっと突っ込んで聞いておけばよかったと思うようなこともありますよ。

――そもそもどういういきさつでルポライターになられたのですか。

杉山　早稲田の一文（第一文学部）を1981年に卒業しました。私の母は、1歳半年上の兄と男女分け隔てなく育てる方針だったので、大学に入るために家を出るまではそう育てられたのですが、大学を出たときはまだ男女雇用機会均等法の施行される前で、まず職がない。何をしていいものかさっぱりわからないし、結婚するという選択もそのときは考えられない。

自分が「女性」だということで、すんなり社会に出て行きたくても出て行けない。大学を出たときに初めて「女性は男と違う」という事実に出合いました。

大学を出たときには、歌を歌いたいとも思っていました。結局、情報処理学会の事務局に勤めて学会誌をつくる作業を1年半ほどやっていました。

――その後は？

杉山　その後、イタリアに半年間オペラの修業に行きました。それからオペラシアター「こんにゃく座」という劇団のオペラ歌手の研修生になりました。

――そうだったのですか。

杉山　一方で「イングリッシュ・ジャーナル」など語学教材を出している出版社のアルクで編集のアルバイトをするようにもなりました。「好きに記事を書いていい」と言われたので、それで自分で企画を立てていろいろと書いていましたね。

アルクでは、日本に出稼ぎにきているフィリピン人の話を会報誌「ＣＡＴ」に書きました。やりたい企画を立てると、やらせてくれる。読者からは、ダイレクトに感想が葉書で寄せられる。やりたいことができた状態だったのです。しかも学校公演をして歌を歌うより、雑誌で記事を書くほうがお金になりました。それで歌うことをあきらめ、書くほうにきたのです。

するとアルクで書いていた記事を、たまたま「週刊文春」編集部の編集者だった今井淳さん（故人）が読んでいて、「『行くカネ、来るカネ』という企画があるんだけど、そこでインタビューして記事を書かないか」と誘われました。

当時は景気も良くて雑誌が全盛の時代です。１９８０年代から90年代前半まで。今からでは考えられないほど、仕事をやらせてもらえる環境でした。

ノンフィクションライターの野村進さんが「月刊現代」で「ニッポンの現場」という連載記事（１９９３年）を持ったときにアシスタントで使ってもらいました。それから集英社の「ＢＡＲＴ（バート）」という雑誌でも野村さんのアシスタントをやって、野村さんとは計2年ほど一緒に働きました。

野村さんの勉強会にいたときに「月刊現代」編集長の矢吹俊吉さん（現、講談社サイエンティフィク社長）に「何かやりたいことはないのか」と聞かれたんです。アルクの仕事をしていて、たまたま満州の開拓民に嫁ぎ、残留婦人となり約30年後に帰国した女性を支援している人を知り、彼にインタビューをして、その女性にも少しずつ話を聞き始めていたんですね。その話を矢吹さんにしたら「書いてみないか」と言われて。

それで1冊目のノンフィクション『満州女塾《まんしゅうじょじゅく》』を書きました。32歳で始めて、できあがったのは38歳のとき、6年かかりました。その間結婚して妊娠して。

《『満州女塾』は、日本から旧満州国に入植した開拓農家の男性の妻にさせられた女性の運命を描いたノンフィクションだ。植民地政策を推し進めた拓務省は、「大和民族の純潔を保持」し、「一滴の混血も許されない」ため、適齢期を迎えた男たちに日本の若い女性を引きあわせる政策をとった。貧しい、地方出身の若い女性たち約３０００人が「大陸雄飛」の喧伝に夢をふくらませ日本から旅立ったが、彼女たちはそこで、結婚を強制されるとは思っていなかった。海を渡った女性たちに強制結婚、そして日本の敗戦という過酷な運命が待ち構えていた。

昭和史の知られざる事実を発掘し、講談社ノンフィクション賞の候補作にもなった》

――読んでいて圧倒されました。6年もかけて取材されたそうですが、その間の記憶の維持はどうされたのでしょう。秘訣をお教えください。

杉山　私は仕事の掛け持ちができないので、結果的にそのことばかりを考えて仕事をやっていた6年間でした。

私は、取材相手の話を繰り返し聞いて、事実や思いを自分の中に焼き付けて書くような癖があります。

ちょうど『満州女塾』にとりかかっていた時期は、私自身、生きにくさを感じていました。女性が社会でどう扱われるのかということにとても意識的になっていた時期でした。

30代半ばで結婚したのですが、それまで自立し、自分で考えて行動していたのに、結婚すると、突然自分の名前がかき消されたような不思議な感じがしまして。家族制度の中で、個の女性が急に見えなくなるということを強く感じていた時期でもあったのです。

『満州女塾』執筆を続けるなかで次第に、大学卒業後イタリアに行くなど社会のしがらみから抜け出したい自分自身と、未来を夢見て満州に出かけて行った少女たちの思いが重なりました。自分の思いがなぜ生まれたのか、自分自身が社会の中でどう位置づけられているのかといったことが、時代との関係で見えてくる。そのことが面白かった。書き終えたときに、社会における自分の位置づけ、座標軸がなんとなく見えた気がします。

――2冊目が『ネグレクト』ですね。

《小学館ノンフィクション大賞受賞作の『ネグレクト』は、3歳になったばかりの女の子が、約20日間も段ボール箱の中に入れられたまま、食事を与えられずにミイラのような状態で亡くなった児童虐待事件を追いかけたルポルタージュだ。我が子を虐待死に追いやった両親も虐待を受けた経験があり、「負の連鎖」を繰り返していることがうかがえる》

杉山　私は38歳で子どもを産みました。それまでの時代と比べて、90年代は子育てが非常に大変になったと言われる時代なんです。

育児の不安が言われ始めた時代でした。「なんでかな」と不思議に思って、子育ての話を取材し始めたころに愛知県のベッドタウンで女の子が餓死する事件に出くわしたのです。

——これも取材と執筆に４年近くかかっていますね。

杉山　これで賞をとったので、小学館の、「週刊ポスト」編集部に比較的自由にテーマを決めさせてもらうことができました。日本に出稼ぎに来るブラジル人が増えていることに関心を持っていたので、「ポスト」でブラジル人のことを書いたところ、それを見た新潮社の編集者に「ウチから出さないか」と言われて取材費をもらい、それでブラジルに行って3年ぐらいかけて3冊目の『移民環流』を書きました。

——なぜ児童虐待から外国人労働者に関心を向けたのですか。

杉山　文化や国家というのを意識して考えていたのです。私自身クリスチャン3代目なんです。祖父母も両親もクリスチャンです。

クリスチャン3代目の私は子どものときから日本社会に違和感がありました。我が家は一神教なのに、社会は多神教。しかも私は、農業試験場で働いていた父に転勤が多くて、神奈川、長野、福島、三重と転勤に伴う転校が多かった。だから、いつも周囲への違和感を抱えていました。周りはいつも「あなたは異物よ」と。私は子どものときから自分自身が、小さな、小さな移民のように、周囲に溶け込めない思いを持っていたのかもしれません。

そんなこともあって、日本からブラジルに移民し、それがまた日本に出稼ぎとして戻ってくる人たちのことに関心を持ちました。取材していると、そこでも子どもたちの姿が目について。日本では、外国籍の子どもたちに対して国や周囲の大人たちが小中学校に通わせることに義務を負っていませんでした。したがって教育を受けていなくても放置されていました。取材して初めて、満足な教育を受けられない日系ブラジル人の子どもたちの存在に気がつきました。

――４冊共通の視点がありますよね。

杉山　一貫したテーマを自分の言葉で言うとしたら、それは女性かな。社会の中心にいる人たちよりも、そうじゃない人、社会から弾き出されていく人たちを描いていった方が、その社会を理解しやすいと思います。

私は、私自身が自分を理解するために書いているのです。

――生活と作品が連動していく？

杉山　そうですね。

実は私の息子が不登校だったのです。うちの子が不登校になったとき、日本の社会で、学校というルートを外れて、将来、居場所を獲得することができるのだろうかと思い悩みました。そうすると社会から排除されかねないうちの息子と、出稼ぎにきたブラジル人の子どもたちが重なって見えたんです。

――杉山さんご自身、母親であることとルポライターの活動はかかわりあっているのですか。

杉山　そうですね。私は、自分のことを書いているので。私は一冊の本を書くことによって私の見える世界が変わってくるのです。本を書くことによって初めてわかってくるところがあって、つまり書くことが必要なんです。その必要を満たすために書いてきました。

私の子どもは小学校2年生のときから中学2年生まで不登校の傾向が強かったのです。病気や経済的な理由以外で年間30日以上欠席すると、文部科学省の定義する「不登校」になります。うちの子は、小2、3、6年生のときが、確か30日以上休んだことになるのかな……。最初にかかった児童精神科医からは発達障害だと言われました。発達障害のある形には、ものすごく多い量の情報を浴びて、それを取捨選択できないということがあるそうですが、確かにうちの子は、先生からの注意を全部守ろうとして、アンテナをはりめぐらしているようなところがありました。

でも、当時「子どもの虐待防止センター」(社会福祉法人)の理事長をされていた坂井聖二先生(故人)に主治医になっていただいたところ、そうした診断は受けませんでした。「素晴らしい感受性と能力、そしてとても魅力的性格を携えていると同時に、普通の人が何でもなく乗り越えるものに躓いてしまう弱さも持っている」と言われました。私自身の仕事は、子どもが生まれる前後から、雑誌の取材テーマなどでも、子育てモノが多くなっていました。そんな取材のなかで、当時、不登校問題の関係者の中でよく言われていた「学校に行けなくなったなら、無理に学校に行かせないほうがいい」という考え方に触れていました。だから息子が学校に行かなくなったとき、学校には行かせなくてもよいのだと考えました。

ところが、坂井先生は「お母さんが子どもよりも先に学校に行くか、行かないかを決めてはいけません。息子さんは学校に行きたいのですから、そのように調整をしましょう」と言われました。以来、小2から中2まで、繰り返し学校側と話し合い、その日、学校に行くか行かないかは子どもに決めさせることにしました。行きたいという日には、子どもの希望する時間に連れて行くようにしました。このとき、子どもは、様々な理由で学校に行けなくても、社会の一員でいたいと願っていることをひしひしと感じました。

そうこうするうちに、子どもも育ってきました。中学2年になり、親元を離れて学校で1週間の秋田旅行に行ったあと、「ほかの子も自分とおなじだとわかった」と言い出し、学校に通うようになりました。今、高校生です。

――その間は気が気ではなかったのでしょうか。

杉山　それは、そうです。平然としてはいられません。苦しいですね。子どもが苦しんでいるのを見るのも悲しいのですが、「この子はいったい将来どうなってしまうんだろう」という不安が大きかった。それに「母親として、私がダメなんじゃないか」とも思って、心は千々に乱れました。私の子育てが間違っているのではないか、いったい何が必要なのだろう、と切羽詰まった思いもずっと抱えていました。

間違った子育てをしてはいけない、ちゃんとしなきゃいけない、でもどうすればいいのだろう、と。

その一方で、先ほども言いましたが、坂井先生は「不登校と才能はコインの表裏である」と言いました。確かに息子は「お母さん、僕は教室にいると顔だけになってしまう。それでも我慢していると、やがて鼻の頭しか残らない」と、まるで実存の崩壊みたいなことを小2のときに口にしました。

詩が好きだったり、演劇や歌を歌うことも好きだったりしました。学校に行きにくいのに、人前で表現することが好きなのです。

当時目を患い、視力を失っていた坂井先生は何度か息子の学校まで出向き、「学校に行けないというのがコインの表裏だ」ということを担任に説明してくださいました。担任の先生もそのように息子を理解してくださいました。私自身もまた、そうしたことを通じて、子どもの存在を信じることができるようになりました。不登校のことで子どもがダメだとか思うのではなく、「うちの子にはこの子独特の魅力や力がある」と思えたのです。

息子に限らず、型におさまらない子どもというのは、実はたくさんいるのだろうと思います。いまの学校は、そういう子どもたちが生きにくいのだろうと思います。

息子への対応でとても助かったのが、『ネグレクト』を書き終わった直後に息子の不登校が起きたということです。本を書きながら、私は母親の「孤立化」ということを繰り返し考えていました。段ボールに入れて我が子を餓死させてしまったお母さんは実は、自分自身も同じような虐待を受けた経験をしていた。さらにその母親もそうだった。そんな「虐待の連鎖」の家庭の出身なのですが、彼女の母のときには一応引き取って育ててくれる人がいた。完全には孤立化していない。

でもその娘が母親になったときには、もうそういう手をさしのべてくれるような人はいなくなった。完全に社会から隔絶して孤立化している。

『ネグレクト』の事件を起こした彼女の3世代の親子を取材して、孤立化の進展に気がつきました。

家庭や地域に引き受け手がいなくなって、子どもの死が起きている。だから母親が助けを求めることがものすごく大事です。

ですから、息子が学校に行かないと言い出し、つらい思いがあったとき、このことを隠してはいけないと強く思いました。様々な方に伝えて、助けていただかなくては、と。

私は、事件を起こしたお母さんが、自分の子どもが周囲の子どもと同じように育たないので、隠していく過程で抱えた「恥ずかしさ」と同じ衝動が、自分の中にもあることに気づいていくわけです。それで、自分の子育てに困難さを感じたときには、子どもを変えるのではなくて、子どもの環境を変える、環境調整を考えるようにしようという坂井先生の指導を受け入れた。学校の先生、同級生のお母さんたちに助けを求める。そういうとき、どういうふうにアプローチするのがいいのか自分も体験するなかで分かっていったのです。

いつも正しく生きなければいけないのではないのです。ダメでもいいから生きていく自分に変わっていく。それに、自分自身で気づくことができたのは、『ネグレクト』を書いていたからでした。そのなかで、確実に自分自身が元気になっていった。

そしてさらに、『ルポ　虐待』を書いていきついたのは、ちゃんと生きなくてもいいな、ということなんですね。


――と、おっしゃるのは？


杉山　私が『ルポ　虐待』の取材・執筆を通じて思ったのは、「母親をおりる」ということを考えないといけないな、ということなのです。「母親をおりる」ということは、なかなか言えないことだし、できないですけれど。

母性を崇める文化は世界中にあると思います。だから、なおさらできない。でも、母をおりる、親子関係を一回断ち切ることが必要だなと感じました。

あらゆるものが剝奪されたお母さんにとって、最後に残された砦が子どもなのです。母親がコントロールできるのは我が子だけになる。それが虐待が起きる下地です。クリーニング店の洗濯工場やお弁当工場を掛け持ちで働いて、必死に子どもを育てて、くた

くたになって、ある日母親が壊れると虐待が始まる。しかも子どもを手放さないで抱え込む。そうした打ちひしがれた母子家庭の母親の中には精神を病んでいる人も少なくありません。
　そうすると、その子はなかなか母親から離れることができない。十分な愛情を与えられた子はひょいと巣立ちますが、虐待を受けた子どもたちは母親から出ていくことができない。ときには自分が母親を助けなければと思ってしまう。母親も子どもが自分の最後の拠り所だから絶対に手放したがらない。母子密着にはものすごく問題が多い。そこで「母をおりる」ということにつながってくるんです。
　大阪の事件の母親も、我が子をもっと早く手放せれば、子どもは死なずにすんだ。たとえば男性の家に行っている間、わが子を夜間保育所に預けっぱなしにすれば、死なせずにすんだ。自分が母であることが最後の誇りで砦なのかもしれませんが、そこをおりないと子どもを死なせてしまうかもしれない。

お母さんだけが子どもを育てなければいけないということでもないのだという考え方が広がれば、虐待はなくなります。社会全体が、母は子育てするものだという常識からおりないといけない。

それは子どもにとってもいいことなのです。抱え込んだ母親と引き離して、初めて支援のネットワークや学校、地域など社会とつながり、人を信用する力が生まれてくる可能性がある。それをものすごく実感しています。

――人を信用する力ですか。

杉山　はい。虐待体験の克服には、人を信頼することができるかどうかということがものすごく大きいと感じています。月並みかもしれませんが、キリスト教の言うような「信仰と愛と希望」というのが実は大事で。人や社会を信じるという力を持つことができればすごく強い。だからこそ未来に希望を持てる。そのためには無償の愛情が注がれることが必要です。この三つが螺旋階段のようにつながっている。

親が抱え込んでいると、子どもたちを学校にも行かせられなくなる。

私は、生活保護を受けている50～60軒ほどの家庭を見ましたが、ほぼすべてが母子家庭（父子が1軒、夫婦がそろっていたのは体を壊した夫と外国人の妻の1軒だけ）でした。母子家庭の貧困がものすごい勢いで増えています。15歳の子どものお母さんが34歳というようなご家庭もあります。

そうやって育った子どもの中には字が書けない、掛け算の九九ができない子もいます。そのまま育つと大人になっても自分の住所も正確に書けないし、第一、自分のことを言語化できない。29歳になってもそういう人がいました。そうなってしまうと自分と向き合う言葉がとても貧しい。そうした困難層の中で識字の問題が起きています。字が書けない人が増えている。次に日本で起きるのは識字の問題と思いますよ。

――次にどんなことを手掛けたいですか？

杉山　虐待を受けた人がどのように回復していくのか、回復の問題というのをテーマにしたいと思っています。

もう一つはひきこもりです。男性に多いひきこもりも、虐待する母とおなじような心の動き方をしているのではないかと思うのです。

ひきこもりは、予備軍も含めれば200万人とか、ものすごい数字ですよ。一番上は50歳代。親が亡くなって、やっと社会とつながりを持てたというケースもあります。

やはり評価型の社会の中にあって、きちんと社会から評価されない、他人から評価されない、そういうことが気になって社会に出て行けない。あるいは、自分は価値がない人間だと深いところで思っている。それは小さいときに親から「お前は価値のない人間だ」と言われて育てられたということもあるのではないかと思います。

ひきこもりの7割ぐらいが男性といわれていますが、男性の方が「こうしなくちゃいけない」「こう行動しなくちゃいけない」という規範意識が強くて、それに合わせようとしてうまくいかない。それでヒュッとひきこもってしまう。

ただし、家の中にいられるから、まだひきこもれている。経済的に取り込んでおいておける力があるので、ひきこもれていますが、家が崩壊すると、ひきこもりが若年性ホームレスという形で外に出されていく。

次世代の人たちがそういう中で育っているのが、いまの現実です。就労の問題も家庭の崩壊も、経済環境の悪化の中で起きています。

いま高卒の女性だと月15万円を稼ぐのが精いっぱいです。それで子どもができ、母子家庭になったときに子育てができるのか。支援の仕方を真剣に考えないといけない。ネットワークづくりが必要です。

でも最終的にはお金の問題にいきつく。公的な支援をどうするか。経済の分配の問題になります。お年寄りにかけるお金が大きいのと比べると、子どもたちにかけるお金があまりに少ない。

急速に母子家庭が増え、母子家庭の貧困化が増えています。日本全体に大きな地殻変動が起きています。子育ての基盤がいま揺らいでいるのです。

（インタビューは２０１３年12月9日、２０１４年6月26日）

杉山春氏の主な著作

『満州女塾』（1996年、新潮社）
『ネグレクト　育児放棄　真奈ちゃんはなぜ死んだか』（2004年、小学館）
『移民環流』（2008年、新潮社）
『ルポ　虐待——大阪二児置き去り死事件』（2013年、ちくま新書）

杉山氏おすすめノンフィクション

●森崎和江『からゆきさん』……著者の話を聞き取る力、聞き取るときの立ち位置が比類ないと感じます。性に対する、著者自身の存在をかけた認識に強い信頼を置くことができます。生きることと書くことが連動しているような。文章の美しさにも、また、資料によってその当時の女性たちの生き方を見せる手腕にも魅せられます。

●野村進『コリアン世界の旅』……雑誌に掲載された当時から読んでいましたが、在日ではなく、コリアンという言葉で同時代に暮らす人たちの具体的な姿を驚きを持って見せてもらったという記憶があります。分かった気になり、具体的に見ることも関心を持つこともあまりなかった存在をルポルタージュという手法で、鮮やかに翻されたと感じています。

●中島岳志『秋葉原事件　加藤智大の軌跡』……『ルポ　虐待』を書いていたとき、本書の加藤智大への著者の視点をどこかで感じていました。高度の情報化社会の中、弱肉強食化する世界で、親との関係に恵まれずに育つ人の困難が、ジェンダーの違いにより形を変えて出たのではないかと感じています。

第8章　あえて歴史にこだわる理由を話そう

栗原俊雄（毎日新聞学芸部記者）

栗原俊雄（くりはら・としお）

毎日新聞記者。1967年、東京都出身。早稲田大政治経済学部政治学科卒、同大学院政治学研究科修士課程修了（日本政治史）。96年、毎日新聞社入社、現在学芸部記者。日本の近現代史の検証を自らのテーマとしている。毎日新聞（大阪本社版）に連載した「戦艦大和 —— 生還者たちの平和希求」「続　戦艦大和 —— 遺族たちの戦後」「シベリア抑留 —— 帰還者と遺族の戦後」で疋田桂一郎賞を受賞。

新聞も週刊誌もテレビも、記者たちは最新のニュースを追いかけ、日々起きる新しい出来事に忙殺される。いま起きていることを右から左へ。自称「作曲家」佐村河内守の虚言、大発見と騒がれたSTAP細胞の論文捏造疑惑、消費税の増税、韓国船の沈没、ウクライナの内戦……。かくして編集局（編集部）は毎日お祭り騒ぎとなる。ニュースの洪水を〝巧みに〟さばくことにドーパミンを放出し、きょうも仕事をやった気分に浸れる。「さばきがうまい」は編集局次長やデスクにとって誉め言葉である。しかしながら、さばかれたニュースは、インターネットのおかげもあいまって消費速度はぐんと速まり、報じた束の間から陳腐化が始まり、半年も経てば忘却の彼方へ追いやられる。

毎日新聞の栗原俊雄氏は、そうした大手マスコミの軽佻浮薄な編集現場に背を向ける記者である。追いかけるのは、いま眼前で起きていることではなく、70年も昔の話。戦艦大和、シベリア抑留、東京大空襲、2・26事件……。日本の近現代史、とくに「昭和の検証」をテーマとしている。

彼の手による歴史の読解作業は「現在」を照射する。為政者や責任者の振る舞いは、驚くほど現代に通じる。過去に起こした過ちを、ところを変えて繰り返す。伝わってくるのは、大きな組織の幹部に就いたときの日本人の精神構造の変わらなさだ。現場はそれなりに優秀だが、上に行けば行くほど現場感覚を失い大局観もなく、組織防衛と保身に汲々とする。歴史から学ぶ意味はだからこそある。歴史は教養の源泉でもある。

――なぜ歴史を。新聞社は目先のニュースを追いかけることが当然視されて、昔話は嫌がられるでしょう？

栗原　ええ。目先のニュースを追いかけることこそ、新聞のメーンの仕事と思います。その土俵には優秀な記者がたくさんいて、僕なんかに居場所はありません。だから同じ土俵で勝負する気にはなれないんです。

でも昔話は、実はすぐれて現代につながっている問題なんですよ。

僕はもともと歴史少年だったんですよ。歴史学者になりたかったんです。最初に早稲田大の教育学部の地理歴史学科（当時）に入って、そのあと第1志望だった政治経済学部の政治学科に入りなおしました。政治史を研究したくて。そのまま大学院に入って日本政治史を専攻したのです。

ところが大学院の修士課程にいて思ったのは、歴史で食べていくのは難しいな、ということだったんです。すでに当時「オーバードクター」ということが言われていて、博士号を取得したのにポストがない人がたくさんいました。それに、アカデミズムの歴史研究って、ものすごく細かいんですよ。毛細血管を電子顕微鏡で探すような小さく細かいことが中心で。抱いていたイメージと違う世界だったのです。いま考えたら、そういう地道な研究を重ねるなかから自分なりの研究テーマを見つけるのでしょうが、当時は、これを一生やっていくのか、と思いましたね。学費が続かないということも大きかったです。

――歴史学者からなんで新聞記者に。

栗原　歴史で食べていくのは難しいと方針転換したときに、新聞記者しかなかったのです（笑）。どうして記者だったのか、自分でもよくわかりません。ひとつ思い当たるのは、子どものころから愛読していた歴史小説家の司馬遼太郎が新聞記者だった、ということですね。エッセイなどでよく記者時代のことを書いていたので、その印象が強かったのかもしれません。

修士を出るとき、もう27歳でした。たしかそのとき、毎日新聞社の年齢制限は入社時28歳で、僕はぎりぎりセーフでした。たぶん多くの企業では年齢制限にひっかかって入社試験さえ受けられなかったと思いますよ。入れそうなのが新聞社しかなかった。

――でも、最初は普通、支局で事件でしょ。

栗原　そうです。振り出しは横浜支局。そこに5年間。普通にサツ回りから。市政や県政もやって、ごく普通の記者生活。

そのあと、編集総センターという職場、いわゆる整理部ですね、そこに2年半いくことになるのです。記者が書いた記事を読んで、見出しをつけたりレイアウトをしたりする仕事です。

最初は嫌でした。記事が書きたくて記者になったわけですから。でもしばらくすると、それほど苦痛ではなくなりましたね。週2日はしっかり休めるし、整理の仕事は基本的にはその日の仕事が終わったら「はい終わり」で、翌日以降にひきずらないで済むので。

それでも「やっぱり記事を書きたい」という気持ちは強かったですよ。僕は入社以来ずっと政治部志望で、横浜でも整理のときでも7年間連続「政治部に行きたい」と希望を出し続けていたのですが、お呼びがかかったのが学芸部でした。

――それで歴史を?

栗原　いえいえ、最初はどこもそうでしょうが、まあ使い走りですよ。自分の興味とは関係のない仕事も幅広くやりましたよ。

ただ歴史への関心はありました。のちに戦艦大和をやることになるのですが、最初のきっかけは横浜支局の3年生のときでした。支局に送られてきた催し物案内の中に、学徒動員されて大和に乗った人の講演会というのがあったんです。その人は沖縄特攻ではなく、レイテ沖海戦を体験した人なんですがね。それまで大和って遠い遠い昔の出来事というイメージだったんですが、その講演会を取材して記事にしてみて「あぁ、まだ大和に乗っていた人の話を聞けて、それを記事にできるんだ」と発見しまして。これが第一の導火線です。その印象を抱いたまま学芸部に移ったのです。

そして2005年、記者になってちょうど10年目ですが、毎日の紙面で戦後60年企画というのがあって、いろいろとお呼びがかかって戦争ものの取材・執筆が重なったんです。そこで自分が得意なこととやりたいことを発見したんです。記者生活のターニングポイントでしたね。

この企画で大和の沖縄特攻から生き残った人を見つけ出して話を聞いたのです。沈没した大和には3332人が乗っていましたが、生還したのは1割にも満たない276人だけで、僕はそのうちの1人に取材しました。これが第二の導火線ですね。

——以来、戦艦大和を?

栗原　細々と取材を継続していたのですが、「大和」をテーマにして連載しようという発想はまったくなかったんです。戦争にまつわる話と言えばマスコミ的には8月が中心ですよね。いわゆる「8月ジャーナリズム」。その8月でもないのに、載るわけがないだろうと。

ところが大阪に異動すると、大阪本社には政治部や外信部がないし、経済部も東京よりもぐっと所帯が小さい半面、自社組み紙面をいっぱいもっていて、非常にフレキシブルに紙面をつくることができる。先輩に「実は大和の乗組員や遺族に話を聞いている」と言ったら、「ぜひやったほうがいい」と背中を押されました。いま思うと、この一言が僕の記者人生を大きく変えた。

そのとき僕は大阪学芸部で美術担当をしていたのですが、東京勤務と比べると、時間に余裕がありました。それで、その余裕の範囲で全力を挙げて大和に取り組みました。夕刊ですけれど、一面で「戦艦大和——生還者たちの平和希求」（2006年11月20日付～12月16日付）を20回連載し、それが好評だったので第二部として「続　戦艦大和——遺族たちの戦後」（07年6月18日付～7月14日付）を19回、合計39回の連載をやりました。この取材では、大和の沖縄特攻から生還した276人のうち、存命の23人に連絡を取り、そのうちの20人に直接会って取材しました（残る3人は電話と手紙のやり取り）。

取材をした06年当時の23人の平均年齢は83歳くらいでした。少なくともその後4人の方が亡くなったのを知っています。あれから8年たっているので、ご存命だとしても90歳を超えていますね。

《朝日、毎日は東京、大阪、名古屋（中部）、西部（九州、沖縄と西中国）の四本社制、読売は東京、大阪、西部の三本社制をとり、各本社が自前の原稿出稿部門と紙面編集部門をもっている。概して東京の紙面が、永田町や霞が関、大企業などの取材相手におもんぱかりやすく、保守的・硬直的なつくりの半面、大阪や西部の紙面は自由度が高い。栗原氏の連載「戦艦大和」は大阪本社発行の夕刊にしか載っていない》

——それをまとめたのが岩波新書になった『戦艦大和』ですね。

栗原　新聞連載は1回あたり原稿用紙で2枚弱で、全部合わせても80枚弱です。本にしたときの原稿は300枚以上。ただ枚数が増えるだけでなく、構成も大幅に変えなければならなかったので、書き手としての感覚は、ほとんど書き下ろしですね。

新聞ではあまり書き込むことができなかった歴史的な背景を盛り込みました。沖縄までの片道燃料ではなかったとか、昭和天皇の一言があの特攻のきっかけだったとか、相当な大和ファンでも「そうだったのか」と驚くような内容はあります。

大和は当然、類書がたくさんあるのですが、ほとんどがどういう戦いをしたかという戦記ものが中心で、遺族や帰還兵が大和体験を戦後どう抱えて生きてきたかということを、これだけまとめて書いたノンフィクションはないと思います。僕が書いたのは、戦史だけではなくて、大和が沈没した後の歴史なんです。大和にとっての「戦後史」なんですね。

本の中で書きましたが、生還した人が戦友の遺族を探し出して、戦友の最期を善意の気持ちの上から報告をすると、遺族から「あんただけ生き残って」と冷たい言葉を投げかけられる。それが負い目になって何十年も抱えて生きていく。

あるいは、戦前の小学校しか出ていない人たちにとって、大和に乗るというのは非常に特別なものなんですね。エリートなんです。大和への乗艦が認められたという、そういう誇りをもって生きている。

――その延長線上に２冊目の『シベリア抑留』がある、と。

栗原　そうですね。先輩が親鸞の新資料が見つかったという特ダネを書くにあたって、そのお手伝いで２００７年冬に大谷大元学長の廣瀬杲《たかし》さんの取材に行ったんです。取材自体は、浄土真宗の開祖・親鸞について、大学の講義を聴くような、非常に高度で丁寧な解説でしてね。親鸞の話が終わって雑談になっても、廣瀬さんは非常に能弁でした。

そのときに先輩が用意していた廣瀬さんの略歴にシベリア抑留の経験があることが一行触れられてあったのを思い出して、そこで話題のひとつにと思って「ところでシベリア抑留の経験があるそうですね」と訊いたんです。すると廣瀬さんは突然20秒ほど沈黙して、「……話しても、わかってもらえないと思うのです」と言ったのです。

これだけ能弁な人を沈黙させるシベリア抑留とは何だろうなと、関心を持ったわけです。その後、手紙を書き、初対面から半年後「もう時間があまり、ありませんから」とシベリア抑留の取材に応じていただいたんです（廣瀬氏は２０１１年12月、膵臓癌のため死去。享年87）。

《「幕末維新を舞台とした作品で知られる作家・子母沢寛は、新聞記者でもあった。大正から昭和にかけて、生き残りの新選組隊士や彼らを知る人々に取材して著したのが『新選組始末記』である。子母沢は後年、その取材について『ぎりぎり、間に合いましたよ』と語ったという」

栗原氏はデビュー作の『戦艦大和』のあとがきを、この子母沢の新選組にまつわる話で書き出している。そして自身も同じ気持ちをもった、と。大和から生還した乗組員、あるいはシベリアで抑留された人たち。実際に戦地に行った人たちを取材する機会は、もはや限られている。来年（2015年）8月15日の戦後70年が、ジャーナリズムにとって戦場を体験した人たちの話を直接見聞きして記録する最後のチャンスとなるだろう》

——これも大阪紙面で連載ですか？

栗原　「シベリア抑留——帰還者と遺族の戦後」（2008年11月10日付〜12月2日付）として16回、大阪紙面で連載しました。名刺がある人だけで50人ぐらい会いました。みんな、もうおじいさんなので名刺を持たれない方もたくさんいらしたので、そういう方たちを含めるといったい何人会ったでしょうね。

シベリアには60万人が抑留され、取材した当時は推定ですが8万人ほど存命でした。いまはたぶん存命の方は6万人くらいだと思います。

――これも類書が多い中で、栗原さんの本の特筆すべき点はどこにありますか。

栗原　自分で言うのもなんですが、シベリア抑留の体験記は山のようにあるのですが、抑留の全体像を俯瞰したものはとても少ないんです。とくに21世紀になっても抑留経験者が国に謝罪や補償を求めて闘っていたことを、しっかり記録したものはまったくなかった。僕が留意したのはそこです。

普通、我々門外漢の新聞記者がある分野を調べようと思ったときに、まず斯界の権威である大学教授らアカデミズムの研究に頼りますよね。ところが大学の研究にはシベリア抑留がほとんどなかった。

――なぜですか。

栗原　一つは戦後のアカデミズム全体が左寄りだったので、ソ連を解放の祖国と位置付けてきた時代があった。それでソ連の恥部に触れられない。タブーだったんですね。もう一つはシベリア抑留に関する団体が二つに分かれていたんです。ひとつは自民党寄りの全国強制抑留者協会、それと旧社会党寄りの全国抑留者補償協議会、どっちも略称が「全抑協」でややこしいのですが、学者としては片方に依拠するのはリスキーですよね。

それに決定的だったのは、冷戦下でソ連側の資料がつかめなかったことです。ゴルバチョフ大統領が91年に来日して、抑留中に死亡した約3万8千人分の名簿を日本に持参して初めてソ連側の門が開かれました。

アカデミズムが沈黙するなかで、むしろシベリア抑留の実態を解き明かしていったのはジャーナリズムの側ですね。その代表的な存在が朝日新聞の白井久也さん（注1）です。

僕は『シベリア抑留』のなかでなるべく全体を俯瞰するとともに、大和のときと同様、復員後、「抑留体験」を抱えてどう生きてきたか、を描くことにつとめました。おじいさんたちは2013年になるまで裁判で争い、シベリア特措法の立法化を求めて運動を続けてきたのですよ。

――民主党政権下で立法化されましたね。

栗原　2010年6月16日に「戦後強制抑留者に係る問題に関する特別措置法」（シベリア特措法）が成立し、即日施行されました。シベリア抑留の期間に応じて、25万〜150万円が抑留された人たちに一時金として支払われることになったんです。金額で言えば、話にならないくらい低い。10年以上も不法、不当に抑留された人でさえ150万円です。

しかし、長年、政府が頑強に拒否し続けてきた補償を、事実上したという点では、極めて大きな意味があります。

あの法律ができるまでの動きは、NHKの社会部記者と毎日の僕とが属人的にベッタリ追いかけていました。

この取材を通じてわかったのは、いかに官がシベリア特措法の動きを封じ込めようと策動してきたか、ということです。全国抑留者補償協議会が国家補償を求めて提訴し、自民党や野党に理解を示す動きが広がるなか、政府は1982年、総理府総務長官の私的な諮問機関として「戦後処理問題懇談会」を設置するのです。

懇談会には官僚OBがメンバーに加わり、役所の振り付けどおりに審議していったのですが、まずNHKが、ついで僕が、この懇談会が発足する前の時点で各省庁の連絡会議が懇談会の方向を誘導することを決めていた内部文書を手に入れるのです。そこには、当時盛り上がっていた個人補償に道を開く動きを葬り去ろうと、「パンドラの箱を

注1　白井久也　1933年生まれ。朝日新聞モスクワ支局長、編集委員を歴任。著書に『検証シベリア抑留』など。

ぐっとしめる方向にもっていきたい」と書かれているのです。

――すごい言葉ですね。政治家がパンドラの箱を開けようとするのを、官僚が「ぐっと」閉めようとする。この資料の発見はスクープですね。

栗原　戦後処理問題懇談会における戦後補償の議論は、はじめから筋書きができていたのですね。結局、懇談会という表の場でも河野一之委員（元大蔵事務次官）が「パンドラの箱を空けるようなことになっては困る」と発言し、当事者たちが望んでいた個別補償は見送られました。このへんの経緯は岩波ブックレットの『シベリア抑留は「過去」なのか』に詳しく書きました。

――民主党政権下でも官僚の抵抗がひどかったのでしょう？

栗原　はい。財務省ですよ。渋かったのは。

民主党が財源を見つけてきたので、出すことができたのです。自民党政権時代に平和祈念事業特別基金に４００億円を積んでいて、それが２００億円ほど残っていたのです。これを使うことで民主党が役所と話をつけて。

――昔もいまも変わらないですね。日本の官僚機構の問題ですね。

栗原　すぐれて今日的ですね。

戦艦大和は沖縄特攻に出撃したものの、まったく合理性のない作戦に従事させられて、わずか2時間の戦闘で日本側はおよそ4000人が死亡。対する米軍の被害は10機12人。沖縄特攻の直接的な戦果はこれだけなんですよ。まるで鉄板に卵を投げつけたような戦いでした。

そもそも海軍は、米国に勝てるわけがないとわかっていたのに戦争に踏み切った。それまで米国を仮想敵国として軍備増強してきたので、ノーといえない立場に追い込まれてしまった。

ソ連参戦後の関東軍の参謀や司令官たちは「どうぞ日本人を勝手に使ってください」という趣旨のことをソ連側に持ち掛けている。

戦後補償に議論が起きると「パンドラの箱をぐっとしめる」と言い出し、約30年後に政権交代しても抵抗してやりたがらない。

この国の為政者や官僚機構は結局、国民を守ることは後回しにするんです。それぞれの組織、それぞれの秩序が優先されるんです。自分たちの省益が最優先。それで国民には我慢しろ、あきらめろという。受忍論です。

僕は、あれだけの原発事故があって15万人もの人が避難を強いられても、結局は受忍論が出てくると思っているのです。原発を中心とした世界（原子力村）の維持を優先しよう、被災者は我慢しなさいとね。

――結局は、原子力村のおかげで成り立っている自分の生活が最優先。経済産業省の官僚はそんな感じかな。

栗原　勲章も官僚に手厚い。それで岩波新書から『勲章』を書いて出したのです。この国の本質が一番あらわれているのが勲章でしょう。ちなみにもらっている人のおよそ6割は公務員（特別公務員を含む）ですよ。

勲章の歴史を紐解いて、勲章を断った人まで書きました。勲章制度への拒否反応が強くて、戦後、勲章を復活させようにも法律を作ることができなかった。それで池田勇人政権時代に閣議決定で無理やり実現させたのです。いまだに根拠法はなく、勲章って太政官布告や勅令が根拠になっているのです。いまだに大日本帝国が生きているんですよ。

――今年（2014年）2月、ノンフィクション作家の保坂正康さんが「画期的発見」と評する2・26事件の新資料をスクープされましたね。事態収拾にあたった憲兵司令部幹部の矢野機《はかる》陸軍少将の日誌です（注2）。

栗原　端的に言うと、いままで2・26事件関連では鎮圧する憲兵側の資料が見つかってこなかったのです。矢野はキーマンで憲兵側のトップ。しかもリアルタイムで書いていた資料が今回見つかりました。陸軍罫紙9枚18ページの日誌です。

反乱を起こした青年将校たちに対して、鎮圧する陸軍側は早く死んでもらいたがるのです。若い将校を煽った山下奉文のような連中は、本当にあそこまで決起するとは思っていなかったので、「自身に累が及んではまずい」と早く死んでもらおうとするんです。それを押しとどめたのが矢野だった。

日誌によれば、自殺しようとする人間を矢野が何度も押しとどめている。反乱将校側の記録は結構あるのですが、鎮圧側は極めて珍しい。矢野家が懇意にしていた酒屋にあった資料なんです。このほか矢野家のアルバムとか、2・26事件の調書の下書きなんかもありました。

――栗原さんご自身が見つけたのですか。

栗原　いえ、所蔵者がある人に相談して、その人がある会社に相談し、さらに毎日新

注2　毎日新聞、2014年2月25日付朝刊、「2・26事件憲兵幹部『機密日誌』」

聞社に持ち込まれて、僕のところに来たのです。

——ほーっ、向こうから寄ってきた。こうなると引力ですね（笑）。

栗原　はい。史料のほうから近づいてくるという感じです。うれしかったですね。「あいつなら、この史料の価値がわかるだろう」と期待されたわけですから。こういうことは最近まままあるのです。社外の人から「この史料を」と。

——以前はＮＨＫの中田整一さん（注３）がいらっしゃったと思いますが、いまではこういう分野を取材している人はあまりいないでしょう。

栗原　新聞って結局、目の前のニュースが中心ですよね。政治部や社会部の人の中に、ある特定の歴史的なテーマを瞬間的に手掛ける人はいますが、異動も激しく、継続的に追いかける記者があまりいないのが実情です。この業界から中田さんのような存在がいなくなって久しい。僭越ですが、僕は業界内にライバルがいないと思っているのです。

僕がやっているテーマはいずれも昔話のようですが、すぐれて今日につながっているのです。空襲被害者や抑留被害者が戦後70年近くたっても国に謝罪と補償を求めて法廷闘争や政治闘争を続けているんですよ。彼らに謝罪しない政府は、原発被害者にも謝罪しないと思いますよ。「国家財政がもちません」と言い出して、我慢しろ、と。戦争被害者の訴えを退けてきた受忍論につながってゆく。シベリア抑留は現代を知るうえで参考になりますよ。

――やっていて、新聞に書くだけでは物足りないでしょう。

栗原　そうですね。だから本を書くんです。新聞の連載ではたかが知れている。とても新聞の器では盛りきれない。合計30回の連載をやるには、その数倍、数十倍の取材をするでしょう。結局、氷山の一角だけを文字にして、あとの材料を全部無駄にしてしまうのがもったいなく感じるようになりました。

――でも毎日の社内にもあまりいないでしょう。1冊は書けても4冊、5冊と続けられる人は。

栗原　僕は新聞記者はもっと書くべきだと思います。「これは」という仕事は確実に本にするべきです。僕自身2冊目の『シベリア抑留』以来は100％そういう意識です

注3　中田整一　1941年生まれ。NHKで歴史ドキュメンタリーの制作にあたる。退局後、大正大教授などを経てノンフィクション作家。『満州国皇帝の秘録』で吉田茂賞、毎日出版文化賞を受賞。著書に『盗聴　二・二六事件』『トレイシー』など。

ね。

次は戦没者遺骨をテーマにしようと硫黄島の遺骨収集にも3回行きました。新聞で長いルポ（2012年8月12日付、S ストーリー「すべてが土に返る前に――硫黄島の遺骨収容」）を書きましたが、あれだけではもったいないなと思って、いずれ本にまとめる予定です。

――毎日新聞社は大手紙の中で一番自由度が高い印象を受けます。

栗原　人にやさしい会社です。『戦艦大和』『シベリア抑留』も新聞連載が元だったので毎日新聞社出版局から出版しようと思ったのですが、断られて、外で出していいよ、と。

それに社内に言論の自由がある。当たり前ですが、はたから見ているとその自由がなさそうな新聞社もあります。

――本を書いていると、社内のサラリーマン記者からのやっかみもあるでしょう？

栗原　やっかみかどうかはわかりませんが、「好きなことばかりやっている」などと言われたことはありますね。

好きなことをやるには、好きでもないことをその何十倍もやらないといけない。当たり前ですが、ルーティンはちゃんとやる。僕の担当は論壇と歴史ですが、そこはきちっ

とやる。

――最近の若い記者を見ていると、自分で問題を見つけてストーリーに展開する能力が失われている。

栗原　僕はノンフィクションの書評も担当しているのですが、雑誌が減って、かつてのように「雑誌連載→ハードカバーとして刊行→やがて文庫化」というサイクルが、いまやできなくなってきています。ノンフィクションのマーケットが縮小し、売れない。みんな数千部というオーダーです。

ですから僕らのようなサラリーマン記者がもっと発信しないといけませんよ。10年、20年も記者をやっていれば、少しは世に問いたいテーマがあるでしょう。

安定した収入と取材にかかる費用をみてもらえるという身分保障があるわけですから。それを義務として遂行しなければならない。僕はそれを意識していますよ。新聞記者は自分が持っているコンテンツの力に気がついていない。「紙幅の制約で伝えられない、伝えるべき事実を本によって広く伝えるべきだ」と若い記者に訴えたいです。

——歴史を専門とするなかで、最近の安倍政権の歴史認識問題はどう受け止めていますか。

栗原　歴史認識はイデオロギーに左右されるのですが、それ以前にファクト、史実を確認したほうがいい。

為政者の靖国参拝をめぐっては、「国のために殉じた人を追悼するのは当然」といった議論があります。しかし、戦争の責任は、為政者と一般の国民とではおのずから違います。開戦を決定して戦争を遂行した為政者と、その決定に引きずられた国民の責任は違います。

「為政者に引きずられた国民にも責任がある」という議論もありますね。しかし、大日本帝国憲法下では女性に参政権がなかったし、軍官僚や宮廷政治家など国民が選ぶことができなかった人たちが、しばしば国策遂行にかかわった。戦争に反対する言論の自由もなかった。こうした史実がわかっていない人が多い。

靖国神社は前者、つまり戦争を始めた為政者たちをも祀っています。それは靖国神社の自由ですし、現代の為政者が心の中で追悼するのも自由です。しかし、いま申し上げたような史実からすれば、その追悼の方法はおのずから決まってくるはずです。

『永遠の0（ゼロ）』が大ヒットし、僕も映画に感動し、泣きましたよ。でも特攻を美化する前にファクトを確認して共有してほしい。自分の意思とは関係なく死なされた若者もいたんですよ。それを誰が命令したのか、命令した連中はその後どうなったのか、全員、ちゃんと責任とったのか、と。

えらく不人気でしたが、僕は民主党政権を結構評価しているんです。こと戦後処理では画期的でしたよ。硫黄島の遺骨収容も一気に進んで、それまで1年平均で約50柱だったのが一気に８００柱になって、如実な成果をあげたわけですよ。

シベリア特措法もそうです。「戦後処理は解決済み」という、従来の政府方針を覆したのですから。同じように国が補償を拒否し続けている、空襲被害者への補償にも影響は必至です。それぐらい画期的なんです。２０１０年6月16日、通常国会の最終日に衆議院で可決したのです。あの日成立しなかったら、またゼロからのスタートだった。可決のときには、たくさんの議員が立ち上がって、傍聴席の抑留経験者や遺族を見上げながら拍手して、感動的でしたね。画期的な立法の場に立ち会えて、記者冥利に尽きる気持ちでした。

大日本帝国の戦争によってたくさんの未完の悲劇が生まれました。これからもその悲劇のありようを一つひとつ、明らかにしていきたいですね。

（インタビューは2014年5月7日）

栗原俊雄氏の主な著作

『戦艦大和　生還者たちの証言から』（2007年、岩波新書）
『シベリア抑留――未完の悲劇』（2009年、岩波新書）
『シベリア抑留は「過去」なのか』（2011年、岩波ブックレット）
『勲章　知られざる素顔』（2011年、岩波新書）
『20世紀遺跡　帝国の記憶を歩く』（2012年、角川学芸出版）

栗原氏おすすめノンフィクション

●五味川純平『ノモンハン』『ガダルカナル』『御前会議』……一連の昭和史もので、戦争で国民を業火にたたき込んだ国家、為政者の責任を詳細に明らかにした。執念、鬼気迫る筆致は戦争世代ならでは。

●沢木耕太郎『人の砂漠』……無名の人を題材に現代社会のありようを描いて見せる力量に感服。これぞジャーナリズム。

●後藤正治『牙　江夏豊とその時代』……江夏という、書き手にとって魅力的な人物像を克明に描くだけでなく、プロ野球、日本社会そのものの「青春」を描ききった傑作。

第9章

日経新聞社長と刺し違えた
スクープ記者の「挽歌」

大塚将司（元日本経済新聞記者）

大塚将司（おおつか・しょうじ）

経済評論家・小説家（元ジャーナリスト）。1950年、神奈川県生まれ。早稲田大政治経済学部卒、同大学院政治学研究科修士課程修了後、75年に日本経済新聞社に入社。証券部、経済部などで証券界、銀行界、通産省、大蔵省などを担当。95年、三菱銀行と東京銀行の合併のスクープで新聞協会賞を受賞。2003年、日経子会社の巨額不正経理事件について社員株主の立場から株主総会で鶴田卓彦社長の経営責任を追及。懲戒解雇となるが法廷闘争の後、同社に復職し、日本経済研究センター主任研究員に。2010年定年退職。小説『謀略銀行』でダイヤモンド経済小説大賞の優秀賞を受賞。

自民党実力者の河本敏夫が率いた三光汽船の破綻、イトマン事件へ至る住友銀行の異常融資の実態、そして三菱銀行と東京銀行の合併……。日本経済新聞の大塚将司氏は、高度成長からバブル崩壊に至る20年余の間に数々のスクープをものにしてきた。童顔も手伝って、三菱銀行の伊夫伎一雄頭取、日本興業銀行の黒澤洋頭取や大蔵省の吉野良彦事務次官、土田正顕銀行局長らにかわいがられる「ジジイ殺し」だったが、決してリークに頼ることなく、自らが描いた構図にパズルのピースを組み立てるようにして事実を集めていき、スクープを放つ手法を確立。ついには自身の所属する日経新聞のワンマン経営者の鶴田卓彦に刃を向け、鶴田体制の腐敗追及に決起した。

とかく外部の取材対象には「コーポレートガバナンスが確立していない」などといっぱしの批判をする経済記者だが、しょせんサラリーマン、自身が属する新聞社幹部の不正・腐敗には「知らぬ顔の半兵衛」を決め込む。トップの辞任にまで追い込んだのは画期的である。

いったん懲戒解雇になりながら法廷闘争で復職。復職後に『日経新聞の黒い霧』（講談社）を上梓した。報じるべき事柄は、新聞社外ではなく、むしろ内部にこそあるのだ。独裁経営者に辟易とするサラリーマン記者にとって、参考となる人生である。

――意外ですが、もともと短歌を詠んでいらしたそうですね（注1）。

大塚　そう。高校時代。聖光学院で文芸グループに属していて短歌をつくっていたの。純文学にものめりこんで、庄野潤三の『プールサイド小景』『愛撫』に共感を覚え、『夕べの雲』にも魅了されたね。全共闘運動のせいで東大入試がなかった1969年の入学なのだけれど、あのときもし京大の文学部にでもいけば、いまとはまったく違った人生が開けただろうなぁ。

――それで早稲田に行ったのですね。学生運動が盛り上がっていた頃ですね。

大塚　それでさ、学生運動で勇ましいことを言っていた連中がいざ就職活動シーズンを迎えると、やれ商社だ、銀行だと宗旨替えするんだ。それにものすごい違和感を覚えてね。学生運動に共鳴しない俺を「ノンポリ」とさげすむような奴のほうが、資本主義の先兵になろうとする。「自己欺瞞」なんて偉そうなことを言っている連中のほうが、はるかに欺瞞的なんだよ。あのときの学生運動を通じて体感したことが原体験のようなものになっている。

とくだんジャーナリストになりたいとも思っていなかったんだ。実家がスポーツ用品店の自営業主で、周囲にはサラリーマンはいないわけ。だからサラリーマン生活が具体的な像を結ばなかった。だけれど両親をはじめ周囲はサラリーマンになることを期待している。自営業が土日もなくて大変だったからね。でもどうもサラリーマンには向いていない、というのはわかっていた。

それで、いま思うと一種のモラトリアムだけれど、大学院に進むことにした。なんとなく大学教授という人生もいいかもしれないと思ったの。しかし、行ってみて思ったのは結局徒弟制度でさ、誰かの論文の下書きをしたり翻訳を手伝ったりとか、かなりの期間、我慢が強いられる生活なんだ。後に早稲田で政治経済学部長をやった政治学者（政治過程論）の下にいた。気の小さい先生でね。米国の政治学者の受け売りで、横文字を縦に直すような感じでね。こんなんじゃいやだなと思った。

それで、弁護士にでもなろうかとも思って司法試験のための勉強も少しはしてみたけど、これを何年か続けるのかと思うと、うんざりという気持ちになってね。

そうこうするうちにサラリーマンのなかでも新聞記者ならなんとかなるかもと思ったんだ。

注1　朝日新聞、2014年3月7日付、「青春スクロール　母校群像記　聖光学院：9」（神奈川版）

――朝日や毎日は受けなかったのですか。当時の学生たちは好き好んで日経に行くという感じでもなかったのではないですか。

大塚　73年の大学卒業時と75年の大学院を出たときと2回マスコミを受ける機会はあったんだけれど、大学卒の時に朝日は落ちたな。毎日（確か2度目の募集）は受かったけれど大学院に進んだんだ。

あの頃は確か日経だけが試験日が違ったんだと思う。今一つ、信の置けない米国政治学の勉強を続けていてもつまらないし、司法試験もちょっと勉強したけど、日経受かったからもういいや、と。そっちに行こうと。

それに朝日や毎日だと地方支局に行かされてサツ回りから始めるだろう？　あれが嫌だったの。あんなつまらないこと、やってられないよ。キミも火事とか取材に行ったんだろ？　そんな野次馬みたいな仕事、やってられない。でも最初はみんなそこからスタートでしょう。それがいやだった。

――しかし左翼全盛の時代風潮の中で日経に戸惑いませんでしたか？

大塚　あんまり経済に対する抵抗感はなかったのだけれど、株には非常に抵抗があったね、非常にね。

最初に証券部に配属されたんだ。入社して2、3週間後に証券部の新入社員歓迎会が人形町のすき焼き店であったんだけれどさ、そこで「こんなところに来るとは思わなかった。株屋の取材なんかやりたくない」と言ったら、前の席に座っていた先輩に「何を言う」と言われて投げ飛ばされた(笑)。

最初の1年は研修も兼ねて証券部の整理の仕事をしていた。当時の証券部は整理部を自前で抱えている不思議な部署だったんだ。相場表をつくるのは、普通の紙面をつくる整理ではできなくてね。紙面と相場表を一体になってつくる感じだったんだ。それで新人はしばらく整理をやってから現場に出る風習だった。

2年目から証券部で企業財務を担当して、キヤノンや富士写真フイルムなど精密機械メーカーを受け持って、こりゃ面白いと思ったんだ。「利益を上方修正します」とか向こうから言ってくるのよ、それで書けば株価が動くから。

——意図的リーク?

大塚　意図もヘチマもない。そんなの朝毎読は相手にしない。日経しか書かないんだから。それでキヤノンの社長や会長を務めた賀来龍三郎(当時、経理担当常務)が自宅に呼んだりするわけだ。奥さんの料理を「ご馳走する」とかいって。キヤノンは電卓在庫急増で無配転落した直後でね。何とかいい記事を書いてほしかったんだろうな。

彼が経済同友会の副代表幹事になって「財界の論客」なんてもてはやされてからも会っているんだけれど、昔よく会っていたことは話題にもせず、素知らぬふりなんだよな。その後、賀来とは偶然同じマンションに住むことになったんだけれど、顔を合わせても知らんぷりなんだ。ホントにつぶれそうなころのキヤノンを俺がよく知っているからさ、なんとなくいやだったんじゃないの（笑）。

その後、造船不況のころに今度は経営が悪化していた佐世保重工の救済問題をやってね。そこで「四国の大将」なんて言われていた再建屋の坪内寿夫（来島どっくグループの総帥）に出会うんだ。結構好かれて、それで坪内を完全に独占したんだ。入社3年目の証券記者の自分がいないと日経としては坪内の話を聞けないという状況になってしまったんだ。

坪内と運輸事務次官との密談のときに、別室にいた。各社がやってきてワサワサやった後、みんなが帰った後に坪内に定宿のパレスホテル327号室に呼ばれてね。それで完全にスクープに開眼した。

しかし後で冷静になって考えると、坪内に利用されていたの、間違いなく。

《造船不況下の78年の佐世保重工の救済劇で、坪内寿夫という稀代の経営者に「食い込んだ」のを皮切りに、大塚氏はスクープ道というべきものに開眼していく。著書『スクープ』によれば、「丹念に集めた情報を取捨選択して、大きな絵を描き、それに基づき取材を進め」(97ページ)、最後は自らがリスクをとって報じるというものだ。

佐世保重工の救済問題で会得した方法論は、やがて85年の三光汽船の破綻報道で開花した。破綻する一年前の84年の段階で近い将来の経営破綻を予測し、メーンバンクを中心に情報網を構築、そのうえで、三光汽船にとどめを刺す記事「三光汽船に追加融資せず、大和銀など三行通告へ」を報じた(実は朝日と同着)。

財務情報を分析するとともにメーンバンクの頭取を執拗に反復取材し、タイミングを読んでスクープするという手法は、後に戦後最大の経済犯罪といわれたイトマン事件の幕開けを告げる記事(「伊藤萬グループ、不動産業などへの貸付金、1兆円を超す」)に結実することになる》

大塚　ところでね、スクープのコツというものがあるんだ。スクープといったって、普通の新聞の特ダネと称するものは、実は9割方リークなんだよ。煎じ詰めれば、結局は役所も捜査機関も大企業も書いてほしいことを記者に漏らすんだ。つまり当事者がしゃべっているから、報道するのも安心できるスクープなんだよ。

でも、そうじゃないスクープというのも確実に10％ぐらいはあるんだ。これは、当事者がしゃべっているものではないから、書くにあたって１００％の安心はできない。そこにはリスクがある。

じゃあ、どうやったらいいかというと、検察がやるのと同じように、まず全体の大きな絵を描かないといけない。その絵を描く過程においては、当事者以外のところからも話を聞くということになる。

この取材の過程で必要なのは、相手が話す内容はいったい「誰から聞いたのか」が絶対に大事なんだ。これを取材の中で絶対に相手に確かめて、「誰から聞いたのですか」と聞かないといけない。たとえば、ある銀行の部長に会ったときに「どうも合併の動きがある」と彼が漏らしたとする。そのときに「誰から聞いたのですか」と聞いて、相手の部長が「いや実はウチの隣の部がこそこそやっているんだよ」というのであれば、これは確度が高い情報ということになる。これが「飲み会でそんなうわさを聞いた」レベルだと情報の確度は劣後し、「なんか週刊誌の記者が言っていた」という程度だと、あまり信を置けない情報だなとなる。

だいたい最近の若い記者たちは取材相手に「その話は誰から聞いたのですか」と聞かないんだよ。ほとんどの記者たちが聞かないんだよね。

新聞記者は情報源の秘匿というのはあるけれど、別に向こうにはないんだから、聞けばいいんだ。それをどうも相手に遠慮して聞かないんだ。

もちろん相手は「言えない」と答えるかもしれないけれどね。

――取材先の間では、大塚さんは極めてしつこい記者という評価です。

大塚　間隔を置いて何べんも何べんも聞くんだ。「業界紙の記者から聞いた」というレベルなのか、それとも頭取クラスの情報なのか。昔話だけれど、三光汽船の破綻を取材していたときに、東海銀行の頭取は「長銀のあいつから聞いた」とか「大和銀の安部川（澄夫頭取）さんが迷っている」とか言うんだよな。組織の上層部にいる連中のほうこそ口が軽いんだ。問題は組織の下の方から取った際の情報の精度だよね。

次は、取材先と会うときには必ず一対一で会わないとダメだね。広報担当者の同席もダメ。そのためには外で飲むほうがいいわけよ。そのためには向こうが「キミと飲みたい」と思うようにさせる必要があるわけ。向こうが飲みたいと思うのならば、それはもう一対一の人間関係なのよ。だから夜回りや朝駆けみたいなものばかりやっていてもダ

メだと思う。基本は一対一で長時間、会う。
長時間（最低でも2時間くらい）、差しで取材するには会食するのが一番いい。でも、気をつけないといけないのは、貧者でもないのに（大新聞社は給料が高い）〝貧者の一献〟などと恰好をつけないことだ。だいたい取材相手は自分より5歳以上年長だ。親父くらいの年齢差がある人も多い。そんな相手と飲むとき、若輩者がご馳走するのはおこがましい。こっちがご馳走になれば、相手は優位な気分で話をする。これが大事なんだ。つけいる隙が生まれるからね。
そこにもっていくには、取材相手に「こいつと会うと得かもしれない」と思わせるようにしむけないといけない。たとえば、業界の情報に精通しているとか、監督官庁の主要幹部と懇意にしているとかね。こっちが大蔵省の銀行局長と親しいということを知れば、銀行の頭取も会いたがるわけさ。あるいは大蔵省の歴代の事務次官と親しいらしいとわかれば、他の大蔵官僚も会ったほうがいい、むげにはできないと思うようになるのよ。

もう一つ、2時間以上、二人で話すわけだから、議論することも大事だ。議論の過程で、相手が何か新しい発見ができて、社内や役所内で提案する独自の企画案の種になるといいね。その合間に聞きたいことを聞くんだ。それに、地位の高い人と話すときは思ったことをズバズバ言うことだ。地位が高くなればなるほど、お追従を言うか遠慮する連中に周りを取り囲まれる。まともな人なら好き勝手に自分の意見を言う奴に飢えている。もし、そうして遠ざけるような人なら付き合う価値はないから、相手にしなければいい。

頻度も大事でね。突然、相手が会いたがらないようになったら、何かあるんだ。向こうが勝手にヒントをくれるわけさ。

——2時間も取材してメモはどうするんですか。

大塚　自分のやり方ではオフィスのときも宴席でも一切、メモをとらない。相手が警戒してしゃべらなくなるからね。オフィスのときは取材後、部屋を出てから急いでメモをとるか、宴席の時は夜自宅に帰ってからまるで日記をつけるみたいにして、その日にあったできごとをメモしてきた。取材だけでなく日経社内で見聞きしたことも全部メモにしている。

《大塚氏のメモは、取材相手との会話をQ&A形式で詳細に記録したもので、時系列に束ねてある》

それと取材先の地位のある連中と飲むときに、新聞社内の経済部長や編集局次長を連れていくようなゴマすりはやめたほうがいい。そういうゴマすりに取材先を使う輩がいるが、俺はあまりやらなかったな。当然、社内の上の連中はそういう席を期待するから、一切声をかけない自分のような存在はやっぱり嫌がるよね。

1、2回はそんなこともやったこともあるんだけど、しかし取材相手がね、そういう新聞社の管理職連中を相手にしないの、まったく話し相手にならないから。結局、向こうもこっちと話したがるから、話は7、8割方、俺になるの。富士銀行の首脳と会食した際に、「ぜひ引き合わせてくれ」というからウチの編集局次長を一緒に連れて行ったんだけれどさ、結局、局次長は何も知らないから、話にならないんだ。

——新聞社の幹部って、話題と言えば社内の人間模様ばかりですもんね。

大塚　それしかない。取材先との付き合いが上っ面だし、面白い話を聞けない。畢竟、話題が会社の話になっちゃう。

――日銀や大蔵省を担当していた大塚さんが、造船業界が担当の三光汽船や大阪経済部が担当のイトマンを報じるのは、社内の縄張りを犯すことになって煙たがられませんでしたか。領海侵犯をどうやって認めさせたのですか。

大塚 たとえば三光汽船を俺がやっているということは、日銀クラブのキャップは知っているの。でも任せてもらって、詳細はいちいち言わない、伝えない。でもある程度の像が描けた段階では伝えている。三光汽船のときは一報は自分が書いたけれど（そうしないと抜かれそうだったから資料とメモをいつも持ち歩いていたんだ）。それ以外は造船を担当している記者（先輩だったけれど）を呼び出して、原稿も書いてもらったよ。

他のクラブや持ち場にかかわることは一応相手のキャップには伝える。向こうもメンツがあるからね。

それでも結構、反発は買うね。一応巻き込んで担当キャップとかには声をかけているけれど。ただし決めるのは、こっちだからね。俺が決める。「今日だ」って。

イトマンの話が出たついでに言うけれど、あの種の事件の報道には〝アングラ〟の世界の情報も必要なんだけれど、それをとるためにその世界の人たちに会うのは極力避けるべきだと思うね。「表」の世界でも、そういう人たちとのパイプがある人がいる。たとえば、信用情報会社のベテラン調査マンとか、不祥事もみ消しを担っている大企業の総務担当の人とか。そういう人とパイプを作って情報をとったほうがいいね。

——日経は取材先の大企業や官公庁におもねる内容の記事が多い印象を受けますが、日経のどんな点に違和感を覚えましたか。

大塚　一番嫌だったのは、アメリカの尻馬に乗るところだったね。実は、そう言う自分もさんざんやったんだけれどね。通産省を担当していた時代に。

証券部に7年間いた後、経済部に異動して82〜83年の2年間、通産省を担当したの。「一面トップを月に1、2本書かないとダメだ」と言われていたんだけれど、俺は月に10本ぐらい書いたんだよ。

実はこれが簡単なんだ。「アメリカが怒っている」と書くと一面トップになるんだよ(笑)。

やっていくうちに、そう書けば一面トップになるとわかったので、「これは好都合だな」と思って、毎回のようにそういう組み立てで原稿を出したわけよ。もう、いくらでもあるんだ。アメリカに怒られていることが（苦笑）。工業製品の関税撤廃の要求からナットやボルトに至るまでなんでもあるんだ。

そのころ、日本のオートバイの輸出によって米国のハーレーダビッドソンが経営難になって、通産省はホンダやヤマハなど日本のメーカーと組んでハーレーの救済策を仕掛けたことがあったんだ。俺が一面トップに書いて表沙汰になったもんだから（注2）、うまくいかなくなっちゃってね。交渉から帰国した堤富男・通商政策局米州大洋州課長（後に事務次官）から「あなたに闇夜でバッサリやられた」なんて言われてね。結局、日本のオートバイメーカーは対米輸出に高率関税をかけられてしまったんだ。そのうちにアメリカは復活していくわけよ。

80年代にこういう取材をしていくうちに、次第に自分の立ち位置みたいなものが固まり始めたんだ。俺はそもそもアメリカは嫌いなんだ。なぜかというと、横浜が焼け野原になって進駐軍の米兵がいっぱいいた光景を見て育ったことにあるんだ。米兵はおいしそうなチョコレートを食べてさ、ウチの店のすぐそばにはＰＸの売店があってモノが豊

注２　日経新聞、１９８３年３月11日付、「米ハーレー・ダビッドソン社　本田・ヤマハ・鈴木で救済へ　通産省調整　高関税の回避狙う」

富だった。アメリカの豊かさを見せつけられて育ったんだよ。だからアメリカは嫌いだが、しかし、太平洋戦争でアメリカに負けたという現実は永遠に変えることはできないと思っている。

〝イコールパートナーシップ〟なんて虚構なんだ。だから、アメリカという〝虎の尾〟を踏んではいけない。いかにアメリカのほんの少し下くらいの経済力を保持し続けるかが大事なんだ。それは隘路みたいなものだけど、その道筋を常に考えなきゃいけないと思う。

それに対して、日経の紙面はちょっと違ってて、進んでアメリカに隷属しようということなんだよ。つまり、米国型システムが定着するように日本を改革すれば、バラ色の未来があるというような主張を臆面もなく続ける。それも、自分たちは日本人そのものみたいな連中がね。一番違和感を覚えたのはそこだよ。

――書いていることとやっていることが違う？

大塚　そう。

嫌いな言葉に「ウチらしい」というのがあるんだ。朝日も言わない？　社内でしょっちゅう耳にするんだけれど「ウチらしい紙面」「ウチらしい記事」と。それで「ウチらしい」というのは一体なんだろうと思って突き詰めていくと、なんだかよくわからない。よくよく考えると、それは「事なかれ主義」なんだよ。日経の「ウチらしい」は事なかれ主義なんだ。80年代後半からそう思うようになって、自分の立ち位置がだんだんはっきりしてきたの。

――そのときのブームに乗って紙面をつくっているだけでしょう？

大塚　そう。それが嫌だった。

――毎度のことですが論旨が一貫しないですよね。

大塚　そう。

――バブルのときにはあれだけ「財テク」と言っておきながら、その後突然「リストラ」という言葉を持ち出して広めた。

大塚　そうだよ。金融危機になると、アメリカが言うハード・ランディング路線に乗せられた。

それにさ、朝日などの一般紙ではどうか知らないが、いまだに日経ではトップ人事をスクープできるかできないかが、取材先に食い込んでいるかどうかのメルクマールになると信じられている。でも通常の会社人事のニュースであれば、それは１００％間違いだ。

大体、企業のトップ人事なんて、ごく一部を除くと、四半世紀前から当事者、当該会社、それにお祝いの電報や花を贈るバーやクラブのママたち以外には、まったく関心がないニュースだった。当時だって、半日後には他の新聞にも載る。ネット時代の今は、1、2時間後には情報が流れる。

それなのに、きっと若い記者たちは夜回りしたり、朝駆けしたりして取材しているのだろう。トップたちにとっては迷惑千万なことで、気の利いた広報マンなら、トップの了解を得て発表半日前にリークするよ。一般紙も関心を持っていれば、一斉リーク、一般紙が無関心なら日経だけにリークする。そうすれば、トップたちも煩わしさから解放される。取材先に食い込んでいるのではなく、いいようにあしらわれているだけなんだ。

そんな実態は日々の紙面を見ていれば想像がつく。十年一日のごとく、社長人事の取材をしているのだとすれば、時代錯誤も甚だしい。大事なのは、人間模様を描写する舞台裏や、経営戦略などにどんな変化があるか分析する解説的な記事だっていうことがわかっていない。

――ところで、社内処世術を考え、うまく立ち回って部長、局長とステップアップしようと思ったことはなかったんですか。

大塚　新聞の紙面全体を取り仕切ったり、新聞社を経営したりすることに関心がなかったと言えば、ウソになるね。やってみたいとは思っていた。でも、元々、サラリーマンには向いていない、と自分でわかっていたから、社内処世術を考えることはなかったし、そのために我慢する気もなかった。まあ、80年代までは好きなようにやって実績を積めば自ずと道は開ける、くらいに思っていたような気がする。

90年代に入ってからは自分の立ち位置が固まってきたので、自分が紙面を取り仕切るようになるのは、この新聞社では無理だろうなと感じるようになった。ひょっとしたら経営の側にまわることが無理ではないとしても、途中の階層を飛び越して一足飛びに社長なんてことはありえないだろうし。

もう一つ、出世のことしか頭にない上司たちにとっては、自分という存在が、スクープを取るための〝手駒〟に過ぎないということも薄々わかってきた。それでも、俺にとってスクープは実存的なアイデンティティーであることに変わりはなく、やめることはできなかったが、次第に（何を報じるか）取捨選別するようにはなったんだね。

――大塚さんと言えば、日経の鶴田卓彦社長を株主総会で追及し、鶴田体制打倒の蜂起をしたことで知られています。同じころＮＨＫは「エビジョンイル」と言われた海老沢勝二氏が支配し、朝日では箱島信一が独裁して社内を非常に萎縮させました。読売新聞は渡邉恒雄さんが「ドン」として振る舞っています。なんでマスコミの経営者はワンマン化し、周囲は茶坊主ばかりになるのでしょう。

大塚 会社が閉鎖的で外からの視点がまったくないからね。紙面では「社外取締役を入れろ」とか言うけれど（それも実はたいした効果はないんだけど）、そういうことを書いているくせに、自分のことになるとやりたがらないもんな。俺はいまのマスコミの経営層ってレベルの低い連中の集まりなんだと思うよ。取材で知り合った大蔵省の役人や三菱銀行の人のほうがずっと優れた人がいて、それと比べると社内は低劣な奴ばかりだもん。人間のレベル、会話のレベルが全然違う。

――そういう連中に限って徒党を組みたがるでしょ。

大塚 日経も昔は自由闊達なところがあったんだ。円城寺次郎や大軒順三が社長をやっていた頃は、かなりいろんな種類の人間がいたよね。ところが鶴田になると、もう記者としての能力とかそういうことは全然関係ないんだ。自分の趣味とか遊びみたいなことで取り巻きが形成されていくんだ。

《鶴田体制下、日経の100％子会社のティー・シー・ワクース（TCW）が架空工事の発注を繰り返した不正経理が発覚し、東京地検特捜部は2003年、元TCW社長ら幹部を商法違反（特別背任）容疑などで逮捕した。ビジネスニュースを専門とする大手メディアらしからぬ経済事件だった。

鶴田は、取り巻きを引き連れてなじみのクラブに湯水のごとく交際費を支出する一方、自分が気に入らない記事を書いた論説委員を更迭するなど強権的姿勢を強め、頻繁に週刊誌ダネになった。こうした腐敗した鶴田体制を打倒しようと、大塚氏は2003年1月、社員株主の立場を利用して、鶴田の取締役解任の株主提案権を請求し、同年3月株主総会で行使した》

――ところで大塚さんの『日経新聞の黒い霧』を改めて読むと、日経を改革したいという運動家的側面や内部告発をするという側面よりも、むしろ個人的な動機があるように感じられました。あれも一種のスクープだったのでは？

大塚　うーん。ある意味、広い意味ではそういうことかもしれないけれど。ある種の勝負だからね。

――ご自身の美学的なものを感じました。

大塚　そうだよ。

実は全共闘運動に対する思いがあるんだ。奴らに思い知らせてやりたかったんだ。そういう美学的なのはありますよ。

――全共闘ですか？

大塚　そうなんだ。全共闘出身だった奴らが実は日経にもいっぱいいてさ。同世代の人間に「今までどう生きてきたのか、これからどう生きていくのか」を問いかけたかったんだ。全共闘出身を鼻にかけていたような奴らが鶴田の取り巻きでもあったんだ。そいつらに何も言えない状況をつくってやりたいという、実はかなり私的な、「お前ら偉そうなことを言うな」というのが、俺の決起にはあったんだ。よその新聞社ならまだしも、資本主義の中心の日経でそんな偉そうなことを言うな、と（注3）。

――ちょっと左翼的なポーズでカッコつけていながら、社内でやっていることは全然正反対、しかもやたら大物ぶるとかですか？

大塚　そうだよ。

それと、もう一つは、あれで鶴田体制が終わってうまく日経が改革されていけばいいけれど、それがうまくいかなくなってもよかったの。確率的には完全に勝利するのは1割。そうならないのが9割だと思っていた。

でも、それはどっちでもよかったんだ。日経がどんどんダメになるのならば、どんどんダメになってほしいという気持ちもあった。実はその路線に日経がいま邁進しているので、自分としてはある種の目的は達成しているんだ。

——別に日経をよくしたいと思っていなかった？

大塚　やっても、よくなる確率はせいぜい1割ぐらいと思っていた。でもあの当時は支援者も多かったので、内心ではそう思っていたとしても口に出しては言えないわけよ。

しかし、あれで鶴田体制が崩壊したから、そういう意味では大成功だった。

——最近の日経の報道をどう思っていますか。

大塚　経済ニュースで肝心の情報が不足しているし、経済関係の企画記事も一般紙より見劣りしている。それに、主張のあいまいな一般紙化も進行している。逆に一般紙の

注3　「諸君！」2006年3月号、「大手マスコミに巣食う全共闘愚鈍世代よ、早く消え失せろ」（大塚将司）に詳しい。

方はかつてと違い、それぞれの主張が明確になり、差別化が進んでいる。乱雑に経済記事だけが沢山詰め込まれた、特徴のない一般紙と呼んだ方がいいくらいだ。

全共闘世代の取り巻き連中に「お前ら何もできないだろ」ということを思い知らせれば、駄目になっていくだろうと思っていた。実際にそうなっているわけだけど、最後は日経の対米〝自虐史観〟を潰して、空っぽにしたいんだよ。

「欺瞞」という言葉が嫌いなんだ。全共闘時代には「自己欺瞞」なんて言葉があってね。何かというとすぐ「欺瞞的」なんて言ったが、そんな言葉を吐いていた連中の方が欺瞞的な存在なんだよ。

——しかし、株主提案をするや否や懲戒解雇になりましたよね。

大塚　5000株ぐらいをもつ株主だったんだけれど、株主としての立場でやっているのに、それに懲戒解雇で応じること自体がおかしいんだ。

日経がクビにしてくれたおかげでケンカはやりやすくなったね。むしろテヘラン支局なんかに飛ばされたほうが俺は困ったよ。

結局クビになったので徹底的にやってやろうと思って株主代表訴訟や地位確認の訴訟をやったら、和解になった。和解の条件は、俺が持っている株を日経に売ることと、復

職することだった。

それで2004年12月に復職して、その1ヵ月後に日本経済研究センターに出向した。

——よく復職できましたね。

大塚　日本経済研究センターに出向後転籍したわけよ。転籍した日本経済研究センターには、日経新聞社の社員規定が適用されないんだ。それで復職・転籍後に『日経新聞の黒い霧』を出した。復職する前にフリーランスのジャーナリストという立場で出版社を決めて書いていたのだから、しょうがないだろう。

日本経済研究センターには7年間いた。退職金を満額もらって世界一周旅行に行ったよ。

——この後『新聞の時代錯誤』を出版された後の2007年、日経新聞社は3000万円の損害賠償を求める訴えを起こしました。裁判所は大塚さんが200万円の賠償を支払うことを命じ、裁判では敗訴していますね。

大塚　『黒い霧』ではなかなか訴えてこなかったんだけれど、『時代錯誤』のときは訴えてきたね。賠償金は、7年間勤めた日本経済研究センターの退職金の一部でまかなえたよ。まあ、それはともかく、ジャーナリストなんて、もうやってられないという気になったね。世の中には真相がわからないことが沢山ある。それを伝えて、一つの見方を示すこともジャーナリズムの役割なはずなのに、それを担う新聞社が名誉毀損訴訟を起こし、真相がわからないだけなのに、勝った、勝ったと大喜びしている。これはもう駄目だ、と思った。日経を駄目にするという狙いからすれば成功だったんだけど、真相に少しでも肉薄しようという意識のかけらもない裁判官には愕然としたよ。ろくな証拠調べもせずに、長い物には巻かれろ式に手抜きの判決を書く人種が多いとよくわかった。ジャーナリストが裁判官を聖域視して取材しない怠慢のつけが回ってきている面もあるんだけどね。

――日経の社員は大塚さんに近づかなくなったでしょう？

大塚　もともとだよ。でも、OBとの接点は広がったし、日経センターの連中とは普通につき合っていた。昔から親しくしていた取材先の連中ともそうだった。こっちから意図的に避けた人はいたけどね。

それにしても、日本的な社会とはなかなかうまくやっていけないとは痛感した。20年くらい前、証券部にいた若い頃、好敵手で1年後輩の記者（今は記者を辞め、大阪で実家の土建会社を継ぎ、経営者）がワシントン駐在から戻ってきたとき、「アメリカにはあなたみたいな人がうじゃうじゃいる。それなのに、なぜアメリカ嫌いなのか」と訊かれたことがある。その時は答えに窮したけど、正鵠を射ていたな、と思うね。

（インタビューは2014年4月26日）

大塚将司氏の主な著作

『スクープ　記者と企業の攻防戦』（2004年、文春新書）
『大銀行　黄金の世紀　男たちの闘い』（2004年、講談社）
『謀略銀行』（2004年、ダイヤモンド社）
『日経新聞の黒い霧』（2005年、講談社）
『新聞の時代錯誤　朽ちる第四権力』（2007年、東洋経済新報社）
『死に至る会社の病　――ワンマン経営と企業統治』（2007年、集英社新書）
『流転の果て　ニッポン金融盛衰史'85→'98』（2008年、きんざい）

――取材班の中心メンバーで執筆・構成したものに、『座礁　ドキュメント三光汽船』（1985年、日本経済新聞社）、『ドキュメント　イトマン・住銀事件』（1991年、同）、『銀行淘汰　三菱・東銀合併の衝撃』（1995年、同）などがある。

大塚氏おすすめノンフィクション

●松本清張『昭和史発掘』『日本の黒い霧』……ああいうのがやれたらいいなと思う本。でも今のご時世、ああいうのは書けないよ。

第10章

文字と放送　二つの世界に生きる
強い使命感が支える驚異の取材力

堀川惠子（ジャーナリスト）

堀川恵子 （ほりかわ・けいこ）

ジャーナリスト。1969年、広島県生まれ。広島大総合科学部卒。92年、広島テレビ放送に入り、記者、ディレクター、デスクを経て2004年に退社。フリーのディレクターとしてドキュメンタリー番組制作にかかわる一方、ノンフィクション作品を相次いで発表。『死刑の基準』で講談社ノンフィクション賞、『裁かれた命』で新潮ドキュメント賞、『永山則夫』でいける本大賞をそれぞれ受賞した。

主な番組に、ギャラクシー賞受賞の「死刑囚　永山則夫 獄中28年間の対話」、石橋湛山記念早稲田ジャーナリズム大賞を受けた「永山則夫　100時間の告白」、ATP賞ドキュメンタリー部門優秀賞の「ヒロシマ・戦禍の恋文」がある。

著者の『永山則夫』は、まさに巻を措く能わず、「あとがき」に至るまで構成力の妙に魅了されつつ一気に読了し、巻を閉じて落涙した。「連続射殺魔」と呼ばれた殺人犯の知られざる姿を、これまで明らかにされてこなかった100時間を超える鑑定記録のテープから浮かび上がらせた。堀川恵子氏がいなければ表に出ることはなかっただろう。

堀川氏は、こうした埋もれていた真相を驚異の取材力で明らかにし、近年優れたノンフィクションを立て続けに発表している。角幡唯介氏とともに斯界を代表する新しい世代の書き手である。

しかも稀有なことだが、文字（ノンフィクション）と放送（テレビドキュメンタリー）の両刀使いで、二つの世界で高い評価を得ている。影響力の大きいテレビの力を活用して視聴者の情感に訴えるとともに、放送時間の制約があって伝えきれないことを緻密なノンフィクションに結実させている。テレビ出身のせいか、筆致が非常に画像的で、まるで映画やドラマを観ているかのように情景が頭に浮かぶ作品である。

実は作風から禁欲的な生真面目な方を連想したが、お会いすると、瀬戸内の陽光のような明るく活動的なひとであった。

――『永山則夫　封印された鑑定記録』に圧倒されました。すばらしいですね。

堀川　あの密度の本は、たぶん二度と書けないだろうなと思います。

――構成力がすばらしいですね。

堀川　ほんとかいな（笑）。穴があったら入りたいですね。

――もう四半世紀前になりますが、勤め先の新聞社の振り出しが青森でした。支局の一年後輩の記者が板柳町にあった永山の育った家を見つけてきて、興奮気味に話しかけてきたことを覚えています。私たちの世代まではかろうじて存在が知られていた永山ですが、いまや「過去の人」でしょう。それになぜ行きあたったのでしょう。

堀川　私にとっては全然過去の人じゃないんです。死刑について真面目に突っ込んで考えてみたいと思ったときに、「永山基準」という言葉に出会いました。死刑事件のたびにこの言葉に出くわす。いささかも古びておらず、いまだに死刑の「基準」として使われている重要な事件でした。古いどころか、これを調べなくては何もわからないな、と思っていたんですね。

まだ私が広島テレビ放送にいた１９９８年に広島で死刑執行がありました。地元のニュース特集で、死刑問題をやろうと思って、加賀乙彦さんの『宣告』を読んだり、いろんなデータを集めたりしていたのですが、当時のデスクからあえなく「そんなものやるな」と。「絶対にダメだ」と言われましてね。日々の仕事の忙しさにかまけてしまっていたのですが、ずっと気にはなっていたのです。それで山口県光市の母子殺人事件をきっかけにして、２００８年からリサーチを再開しました。

――では10年間もやろうと思い続けてきたテーマだったのですか。

堀川　はい。私がこの業界にいるかぎり、いつか向き合わなくてはならないテーマ、と自分の中では決めていました。自分の中にも迷いがあって、一度トコトン考えてみたかった。それが光市の事件によって、世間が露骨な形で死刑を求める風潮を目の当たりにして、「いま、やらなきゃ」と。それで1冊目の『死刑の基準「永山裁判」が遺したもの』になってゆくんです。

光市の母子殺害事件は、地裁、高裁では無期懲役だったのが、高裁の差し戻し審、最高裁では死刑になりました。そもそも死刑と無期の間に何があるんだろう、どのような違いがあって死刑なのかそうじゃないのか、知りたかったんです。それで、いわゆる「永山基準」を見れば、その答えがあるだろうと思ったんですが、無期懲役の判決も死刑判決も、実はどちらも「永山基準」を引用しながら、真逆の結論を導いていたんです。

――同じものに依拠して片方は死刑、片方は無期だということですか。

堀川　はい。同じものを引用しながら真逆の判決です。「結局、これは基準になっていないんじゃないか」という疑問が取材のスタート地点でした。

ほんとに偶然なのですが、うまく転がる取材のときというのは、必要なところで助けてくれる人が現れるんですね。ちょうど広島テレビ放送を辞めて上京したのが、2004年の年末ごろだったのですが、知り合いの共同通信の記者から「永山則夫の手つかずの資料が千葉にずっとほったらかしになっている」と聞いたんです。

そのときはまだ私も上京したばかりで、東京で働くのに精一杯。テレビ東京の「ガイアの夜明け」をやったり、いろんな番組をガンガン、とにかく数をこなして、名前を売って、仕事を引っ張ってこなきゃという状態だったので、その話は気にはなったんですけど、ほったらかしにしていたんです。

――共同、自分で書けば良かったのに。

堀川　資料は別に初公開だったわけではなくて、いろんな方が見にきては、ちょこちょこ触れていたんだけど、本気で調べた人がいなかっただけなんです。量があまりにも膨大だから。

民家の土蔵にあったんです。段ボール箱で100箱ぐらい。本気になって通い始めたのは2008年暮れから09年春にかけての約半年間。その後も、次の本の『永山則夫』を書くときに何度も通いました。

《『死刑の基準』の取材を支えた大きな柱が、土蔵の段ボールに残されていた永山則夫の1万5000通もの手紙である。これを紐解くことで、対外的には左翼思想で武装していた永山の、別の側面をつまびらかにすることができた。獄中結婚した妻との交流によって、心が開かれてゆくところが、そんな彼の知られざる人間味を示す好例だろう。

本書の魅力はそれだけにとどまらない。新聞や放送局の社会部の面々がろくにふれることもしない裁判官という存在を、その生い立ちや思想、判決に至る苦悩を通じて浮き彫りにしている点が画期的だ。巻を措いて改めて暗然とするのは、1970年ごろの最高裁による青年法律家協会つぶし以降、日本の大手メディアが裁判官をきちんと取材できていない、そのあまりに長き空白と無作為についてである》

——裁判官の物語としても読めますね。

堀川　そうなんです。そもそも「永山基準」は裁く側の論理ですよね。ですから裁判官を取材しなくては始まらないということが、最初から目標にありました。

――そうなんですか。２人の非常に印象に残る裁判官が出てきますね。

堀川　高裁の船田三雄裁判長と櫛渕理裁判官ですね。東京地裁が死刑判決を下したのち、東京高裁は無期懲役にするのですが、そのときの裁判官です。

私は司法記者クラブがスタートで、検察・警察回りをしていたのですが、いつも取材に出てこないのが裁判官なんです。検察も一応、夜回りぐらいには応じるし、警察はもちろん毎日のように取材で接していますけど、あれだけの決定権を持った裁く側がなぜ出てこないのか、常に疑問に思っていました。

だから今回、とにかく裁判官には絶対当たると決めていたのです。特に「永山基準」をつくった最高裁の裁判官には、とにかく一人残らず当たろうと。実はみんな亡くなっていて、話を聞けたのは調査官だけでしたが。それでも貴重な証言を得ることができました。

――裁判官にも、こんなにおもしろい人がいるんだというのが、驚きでした。

堀川　私も調べれば調べるほど、人間味にあふれていると。櫛渕さんは三島由紀夫の栖の会事件の裁判長でもあったのですが、独特の指揮をふるった法廷だったそうです。退官後は国選弁護人をずっと引き受け、高層マンション建設反対の住民運動のリーダーもなさっていました。

――こりゃ今でも、もっと裁判官への取材に挑戦すべきですね。

堀川　いや、まったくそう思いますね。この1年ぐらい、良い意味で「おや？」と思うような判決が出ていますし、それに元裁判官の瀬木比呂志さんが裁判所の裏側を『絶望の裁判所』（講談社現代新書）で暴露されました。

ただ、問題はマスコミの側にあるのですよね。権力にモノ申すようなユニークな判決を書いた裁判官はその後、人事面で冷遇されるケースがほとんどです。だからみな最高裁（事務総局）の動向しか見ない〝ヒラメ裁判官〟になってしまう。そういうのを長いスパンで追いかけて、組織的な問題まできちんと検証できていない。だれかが、やってほしいなと思います。

――その後お書きになられた『永山則夫』も非常におもしろかったです。この鑑定記録のテープの入手はすごいですね。

堀川　前作の『裁かれた命』あたりから今度は裁かれる側のほうに関心を向けまし

て、人間を裁くということをテーマにするには、やはり裁かれる被告人に向き合わなければダメだなということに遅まきながら気がついたのですね。

　永山則夫を精神鑑定した石川義博先生がそのときの鑑定テープをお持ちだったということは知っていたのですが、やはり例の草薙さんの事件（注1）の影響が大きくて、石川先生はものすごくナーバスになっておられました。最初は本にするつもりは全然なかったんです。とにかく彼の言葉を聞いてみたいという意識が強くありまして、石川先生を2年がかりで説得してお借りして、まず時系列に並び替えるだけでも、ものすごい時間がかかりました。

　本人が自分の言葉で語ったテープは非常に衝撃でした。結局、最初の『死刑の基準』の中では、永山則夫がなぜ4人も無差別に殺してしまったのかという点を確信を持って書けなかった。まあ「貧しくて大変だった」程度の話で収めて、それ以上は踏み込まなかったのです。あのおとなしい少年がどうして4人も殺したのかという、腑に落ちない点はずっとあったんです。

——昔のカセットテープに入っていたのですか。

堀川　はい。120分テープで、全部で100時間以上。

――よく傷んでなかったですね。

堀川　もう傷んでいて、切れるし。しょっちゅうテープ修理屋さんに持っていって修理してもらっていましたよ。

――いまどき再生装置をよくお持ちで。

堀川　私はいまだにテープレコーダーを愛用しているので、家にあるんですけど（笑）。ICレコーダーは、どうも録れているのか録れていないのかわからなくて、怖くてですね（笑）。笑われるんですけれど、ジーコロ、ジーコロ、動いているのが見えないと不安で、今でも取材はテープレコーダーです。

――しかし、永山の段ボール100箱の資料や100時間に及ぶ精神鑑定のテープ、さらには『裁かれた命』によって明らかにされている死刑囚の手紙、よく取れましたね。

堀川　ご存じのように取材なんて、100打数1安打みたいな世界です。たまたま当

注1　ジャーナリストの草薙厚子が、奈良自宅放火母子3人殺人事件を題材にした著書『僕はパパを殺すことに決めた』（講談社）を出版したところ、事件を起こした少年の精神鑑定を担当した精神科医が供述調書など鑑定資料を草薙に漏洩したとして奈良地検に逮捕された。草薙と版元の講談社が情報源である取材協力者を守れなかった。

たったものが世に出ただけですよ。

――そうですか？　かなり高打率じゃないですか。

堀川　いえいえ。最近、ちょっと良かったかもしれませんが、運を使い果たしたんじゃないかとも思うんですけど……。

――当てるコツみたいなのはあります？　じっと待つ？

堀川　「待つ」というのはないですね。たまたま成果物になるまで時間がかかっているから、辛抱強く待っていたと思われるのかもしれないんですけど、取材というのは常に攻撃をしていないと動かないものだと私は思っています。ただ待っていてポタッと熟柿が落ちてくるかというと、落ちてこない。拒否されても何回でも行くしかない。

基本的に取材においてセオリーというものは、私はないと思っています。物事が動くときにはいろんな動き方をするし、世の中にはいろんな人間がいる。ある人にとって良かれと思ったものが、別の人にはまったく通用しないということもある。ただ、ひとつだけ取材の基本というのがあって、それは、どこであきらめるかという、その見極めです。

――なるほど。どこであきらめるんですか。その見極めは。

堀川　身体が……身体が動かなくなったときです。まず私は現場をまわるときは、足が動かなくなるまでやります。帰りに地下鉄に乗って帰らなきゃいけないし、車を運転しなきゃいけないから、最低限帰宅できるだけの体力は残すんです。ですから身体で言うと、身体が動かなくなるまでですね。あとは精神力。結局、どこであきらめるかの戦いなんです。取材も、資料探しも。

――帰りに身体が動かなくなったこと、ありますか。

堀川　しょっちゅう、ありますよ。警察署の近くで、ずっと座り込んでいたら、通報されて、警察官が来まして。お茶を飲ませてくれたりとかしたことがありました。『裁かれた命』の死刑囚の長谷川武さんの取材のときは特にそうでした。本当に動けなくなっちゃって、モスバーガーにずっといて、そこで足を伸ばして歩けるようになるまで回復を待ちました。長谷川さんの足跡がまったくわからなくて、彼が生まれ育った高円寺の界隈を半年ぐらい歩いて探しました。最初のとっかかりがつかめなくて、もうほんと寒かったな。寒いときに取材を始めた記憶があります。

《『裁かれた命』は、東京・国分寺で1人の主婦が被害者となった強盗殺人事件で逮捕され、のちに死刑判決を受けた長谷川武の生涯を克明につづったノンフィクション。彼が独房から送った手紙を読んだ捜査検事の土本武司は、激しく心を揺さぶられた。はたして死刑は適切だったのか、死刑囚とされた青年はいったいどんな人物だったのか――。この取材のために堀川氏は、死刑囚・長谷川武が生まれ育った高円寺に足しげく通って、彼の生い立ちとともに長谷川家ゆかりの人々の消息を明らかにしている。

堀川氏の4作品はそれぞれ独立したノンフィクションだが、一作ごとに問題意識が深化していった「連作」のような印象を受ける》

――堀川さんはもともと広島テレビ放送で、社会部でいらしたのですか。

堀川　ローカル局ですから何でもやりますが、性分はゴリゴリの社会部ですね。報道部という部署で、3年間みっちりサツ回りをやりました。そのあと県庁担当。そのあと2年間、干されまして。小さな会社なのですが、それでも権力闘争はあって、その反対側の若手の旗頭みたいな立場になっていたものですから。その後、市役所。そしてデスクです。2年間、干された時には記者クラブに入れてもらえずに、遊軍でブラブラしていました。そのうち、自分でネタを見つけてくる楽しさを学んで、結局、独立することになっていくんです。記者クラブに縛られない自由を発見したみたいな(笑)。

——でもテレビのニュース原稿ってすごく短いですよね。ニュース原稿とは別に、ある段階からテレビのドキュメンタリー番組をつくるようになったということですか。

堀川　そうです。1997年に1本目をつくりました。行政訴訟に関するものでした。遊軍経験後の2000年ごろからはもう、つくりまくっていましたね。すきあらば日本テレビに行って、「枠をちょうだい」と交渉していました。

——テレビでつくられた番組のテーマには、どんなものが多かったんですか。

堀川　広島という土地柄、戦争、原爆。マツダもやりました。カメラが入ったことのないロータリーエンジンの製造現場を絶対に撮ってやると思って、それで1時間番組をつくったり。すべて日テレを通して全国放送にできるので、2000年以降はそのためのネタ探しばかりやっていました。市政担当のキャップもやっていたんですが、すきあらば、番組をと思ってですね。

――やはりご出身が広島で、広島で育ったというのは大きいですか。

堀川　そうですね。でも、小さいころは、原爆、原爆って言われるのがイヤで。先生たちの平和教育の押し付けが許せなくてですね。特に私が育った地域は旧新社会党系が強いエリアでした。子どもの目から観察して、普段、嘘ばっかりついている大人が平和を声高に語る、そのギャップがとてもイヤでした。信用できない大人たちが平和をすごく美しく語りたがる。小学生のころから嫌悪感でいっぱいでした。

そう思いながらも、入社して3年目で戦争の取材をやらざるを得なくなって、ある被爆者のおじいちゃんの話を聞くと、もう今までのそういうものが一気に溶けて、これは本気でやらなきゃいけない問題だと思ったんです。頭の中で観念的に考えることと、実際に自分の目で見て耳で聞くことは、まったく異なるものであるのだと痛感しました。

――失礼ですが、女性だから取材しやすかったことはありますか。

堀川　はい。それはあります、圧倒的に。女で損したことよりも、むしろ得したことのほうが絶対多いと思います。

私は広島テレビで新人で入社してきた女性記者の第一号なんです。警察を回っていると、目立つでしょう。だから、いつの間にか刑事さんの隣に座って、刑事課の隅でお酒を一緒に飲んでいたり、夜食のカップラーメンを食べていたりとか（笑）。そういう意味では結構、かわいがってもらいましたよね。

――特ダネがとれてしまうと。

堀川　はい。警察時代は、飛ばしまくりました（笑）。

そんなときに当時のサツ回りのキャップが、ひとつだけいいことを教えてくれましてね。私のネタ元で、すごく仲良くしている刑事さんがいて、いつも奥さんと一緒にご飯を食べながら彼の帰りを待つぐらいに入り込んでいました。そんなことをやりながら、スクープも全国ネタで飛ばしていたんです。すると、あるとき、そのキャップが「おまえ、ベタベタ仲良くしているけど、あいつが汚職をやったときに、おまえ、その原稿を書けるのか」と言われて、それでふと気がついてですね。猪突猛進のサツ回りのやり方に迷いを感じるようになったんです。

それと、やっぱり、どうしても警察が流したいネタをや〻らされて〻い〻るというのが、やっていくうちにだんだん見えてきましてして。「ああ、テレビを利用しているんだな」という感じになってきました。

私の正真正銘のスクープが、実は一つあるのですが、ある刑事さんから「あしたの11時に銃刀法違反の男が逮捕されたと発表されるぞ」と言われまして。「記者クラブには投げ込みだけで記者会見もしない。だけど、実はそいつは元警察官なんだ。マル暴担当でね、もうグルグルに取り込まれちゃったんだ」と耳打ちされました。

その元警察官は、事件の端緒がつかめたときは現役の警察官だったのに、しょっ引いたときにはクビを切っているんで無職になっている。だから発表のときは無職。リークしてくれた刑事さんも、それがバレたら〝クビ〟でしょうから、私を信じてくれたんだと意気に感じましたね。

それだけかな。警察の垂れ流したい情報とは違う情報をやったのは。3年かかって、それ一つ（笑）。

——堀川さんが入社したころと比べると、女性記者がかなり増えてきたと思うんですけれども、先輩から見てこうしたほうがいいというアドバイスってありますか。

堀川　一つは、女性はそのうち、結婚、出産、育児、家庭、介護が男性以上にのしかかってきます。そういうシチュエーションになるまでの、独身の20代の身軽なときに、それこそ倒れて死ぬというぐらい仕事をやったほうがいいですね。そこで一回突き抜けておけば、少し休んでも、また違う形でできる。

適当にダラダラやるのじゃなくて、若いうちに徹底的に一回突き抜けた仕事をやった人というのは、出産や育児の後でも、たぶん深みのある仕事に戻れると私は思うんです。心と体が、それを覚えているという感じで。

——順調に広島のテレビ局で活躍されてきて、ドキュメンタリーも全国に流せるようになられて、なんでお辞めになってしまったんですか。

堀川　２００4年11月に退社しました。

表向き今まで言ってきたのは、デスクになって現場に出られなかったということなのですが、もう一つはニューヨーク特派員になれなかったというのがあって(笑)。就職活動中にＮＨＫとかいくつか受けて最終の健康診断だけというときに、広島テレビ放送の面接で社長に「うちに来たらニューヨークに行かせてやる」と言われたんです。もう社長、亡くなられたから今、言ってるんですけど(笑)。「やったー!」と思って、私は10年ぐらいやったらニューヨーク特派員になれるんだと思い込んでいたんですが、どんどんどんどん、英語が全然できない先輩が先に行くわけですよ。どうなっているんだと思っていたら、ある日突然、私を飛び越して下の男の子が行っちゃった。それで、ああそういうことか、と遅まきながら気づき、じゃあ、辞めちゃおうと。そういうことでした。ここでは女だから損をしたかもしれません。

でも半年ぐらい悩みましたよ。やっぱりテレビ局は、収入が保証されています。これを全部捨てて、知り合いもいない東京で一からできるのかという不安がありました。日テレの外報に応援で来たりとか、出向したりしていたことはあるのですが、やっぱり地の利も取材のネットワークも何もない東京でやっていけるのかと。

それで、フリーではあるんですけど、硬派なドキュメンタリー番組をつくっているドキュメンタリージャパンという制作会社と2年間、専属契約をして、まずは東京のシステムを学ぼうと思いました。

それでドキュメンタリーと名のつくものは、企画が通ったら片っ端からやっていました。結構、仕事はいっぱいあって、なんだ、全然やっていけるじゃんというのが、最初の2年でわかり、そこから完全に、じゃあ、ほんとにやりたいことをやろうと思ったのです。ちょうどそのころ光市の母子殺人事件の話が持ち上がり、死刑の問題に入っていくという感じですね。

——文字で発表するノンフィクションと、テレビ番組とは違う部分もあると思いますけれど、両方をやろうと思われたのは、なぜなんですか。

堀川　『死刑の基準』は、どうせテレビでは取り上げてもらえないだろうから、最初から本にしようと思っていたのです。ところが原稿ができあがった後にＮＨＫが企画を通してくれて、「本が出る前に放送したい」ということで、番組を放送した後に出版したんです。みなさん、テレビのドキュメンタリー番組を本にしていると思われているようですけれど、そうじゃないんです。

——いまはテレビと文字と並行させてやろうと思われているのですか。

堀川　そうですね。２回目の『永山則夫』の時は、すでに一度、ＮＨＫでやったし、ノンフィクションとしても出したので、もうどこも取り合ってくれないだろうと思っていたのです。でも１０００部でいいから形を残したいと思って岩波書店にあたって、原稿を書いているうちに、またＮＨＫで企画が通ってしまった。彼の肉声を収録したテープという「音」があるので、何より音声データとして残したかったんです。生の声を。ですから半分ぐらい書いていて、途中でテレビの制作にかかわって。テレビをすませてから、残りを書き上げたという感じですね。行ったり来たりです。

――二つのメディアはどう違いますか。

堀川　それはもう圧倒的にテレビの影響力は大きい。視聴率1％でも100万人が見ているということですから。ほんとかどうか知らないけど（笑）。その一瞬の風はすごいです。しかしジリジリジリジリ来る反響は、本のほうですね。本は息が長い。テレビは一回放送すると、なかなか再放送というチャンスがない。

『永山則夫』のときは、ものすごく一所懸命書きました。もうこれだけの材料が自分の手元に揃うチャンスは二度とないと思っていたのです。本人の証言がテープでふんだんにあって、第三者の目を通した精神鑑定書も手元にある。それに今まで集めてきた彼に関する膨大な裁判資料もありました。関係者の取材も重ねていました。

テープを聞いていると、彼の言葉でその時どきの空気の匂いや光の感じが伝わるのです。彼は、ものすごく感性の鋭い人だったと思うんです。なおかつそのときのカルテには、彼の表情がどうだったとか、着ていた服は何色だったとか、この話をしたときに泣いたとか、状況が詳細に書いてあり、ある意味すべての材料が揃っていた。

だから、頭がおかしくなるぐらいまで没頭して、向き合いました。必死に書いて、発熱して、倒れて、また書く、という繰り返しで。

私、書くのは速いんです。1日4、5時間、1ヵ月か2ヵ月で集中してやります。パソコンでバーッと、とにかく書きたいことに指が追いつかない。夜寝るときに、次の朝、どういう一言から書き始めようかと思って、興奮して眠れないような状態でした。

最近になってようやく、文章の練習をしないと、ちゃんと読んでもらえるものにならないということに気づきました。いままで読んでこなかった小説の類を、時間があれば読むようにしています。『永山則夫』以降は事実の発見だけでなく、真面目に文章の書き方も含めて、取り組むようにしています。遅すぎた感もありますが……。

ただ、テレビでも本でも共通しているのは、「取材」の重要性だと思います。誰も知らないことを見つけてきて、どうしてそんな事が起きたのか、背景に何があるかを深く探る。この基本さえしっかりしていれば、本だって書けるしテレビ番組もつくれる。取材は、あらゆるメディアの根っこだと思います。だから、体力気力が衰えて現場を粘り強く歩けなくなり、知識を美文で弄ぶような仕事しかできなくなったときは、引き際だと思います。生涯現役でいられるかどうか、自信はありませんね、きつい仕事ですから。

――ところで死刑の取材をしていたら公安にマークされるようになったとか。

《「atプラス20」（太田出版）に寄せた「秘密への肌感覚」の中で、死刑問題の取材をし始めた2008年、彼女は知り合いの公務員から「死刑問題をやりすぎるとアレがつきますから。交通違反が増えてきたらそのサインだから気をつけて」と警告されたことを明らかにしている。するとその警告通り、アレがついた――》

堀川　わからないんですけどね。法務省に対して9ヵ月ほど死刑に関する情報公開請求をそれこそ山のように出していたのです。私は普段、都内を車で動いているんですけど、すると数ヵ月の間に交通違反で4回も切符を切られてしまった。「サインは交通違反だよ」とわざわざアドバイスをくださった方がいたのですが、そのとおりになりました。

――公安のマーク？

堀川　ということなんでしょうか、裏は取れませんが。そうだとしたら、ほんとうに暇ですよね、ほかにやることないのかなと思うんだけど（笑）。それが不思議なことに、NHKの放送直後の2009年10月以降は、まったくなくなった。

――4回とは？

堀川　駐車違反3回と一時停止違反1回。一時停止違反は自宅のすぐ近所の普段、警察官がいないようなところなんです。なんでここにいるんだ、みたいな。ちょっと行ったら、突然、おまわりさんにトントンってやられまして。奇妙な感じでした。駐車違反もそれこそ駐車して2、3分過ぎただけで、もう貼ってあるんですよ。ありえないと思いましたね。

やっぱり私のような、発言力のない記者に対してでも、死刑という制度に疑義をさしはさまれることを気にするのでしょうか。死刑は究極には国家がその国民を殺してもいいという制度ですから。懲役刑とは位相の異なる、質の違う問題ですよね。国家が合法的に生命を奪うことのできる究極の手段。それに対して、疑義が起こる、反対の動きが起きるということは、単に死刑制度の廃止云々ではなく、非常に大きな、統治というものの根幹に触れる話ではないだろうかということを、取材をしていて感じました。

――**最近はないですか。**

堀川　まったくないですね。気になって見るんですけど。小走りで走ってみたりして。自意識過剰、はい（笑）。

――**安倍政権になって特定秘密保護法ができましたが、堀川さんはお仕事を通じて**

いかに隠されている情報が多いか認識されたと思います。官が情報を独占して、出したがらない。つまり判断材料となるものを国民に提示しない。批評、批判、分析の対象になることを極度に恐れる。特定秘密保護法が施行されると、これを奇貨として彼らが拡大解釈する懸念を抱きます。

堀川　同感ですね。まったく同感です。国益を守るため秘密を保護するのは大切なんだと正論を言いながら、それによってジャーナリズムが手枷・足枷を嵌められることになったのではないかなぁと。そういう仕組みが整ったということの重さをすごく感じるのですが、意外とマスコミはスルーしちゃって、この問題を伝えるＮＨＫのニュースは特にひどかったですけどね。

――ジャーナリズムの側が力不足？

堀川　天に唾するような話ですけれど。テレビに関して言うと、最近特にどうしてこんなになっちゃったんだろうという、そんな思いはありますよね。

もともとテレビは、おもしろい映像に飛びつくし、感情のメディアだから、お涙ちょうだい系や大衆迎合的なものに乗っかりやすい。それで視聴率が取れて、ＣＭ収入も増えるという構図があります。もちろん娯楽やエンターテインメントはあって当然とは思

います。
それでもなお、昔はもう少し骨のあるドキュメンタリーとか、骨のあるディレクターが必ずいて、いざというときには彼らが出てくる場があったのですが、最近はそういう人たちがどんどんいなくなっている気がします。
新聞はそこまでは踊っていないけれど、STAP細胞の小保方晴子さん騒動や「現代のベートーベン」の佐村河内守騒動を見ればわかるように、テレビはたいへんなお祭りでしたよね。しかも、ああいう事件が弾けると、テレビは自分たちが被害者で騙された側になっちゃって、まともな検証を結局どこも出してない。
こんな愚痴を言い出すと、ほんと止まらないんですけど、テレビはタブーがすごく増えました。死刑だけではなくて、例えばスポーツもそう。今回のワールドカップサッカーの報道だって、知らない人が見たら「日本は優勝するんじゃないか」と思うぐらいの応援ばかり。冷静に試合そのものを分析して、選手やチームの力をきちんと伝えてくれるメディアは、少なくともテレビに関しては、私は皆無だったと思っています。がんばれ、がんばれ、一色なんですよ。

がんばれ報道は、そこに異を唱える人を許さない。戦時中の雰囲気と共通する怖さがあるように思います。

——ところで、話を戻しますが、永山則夫にしろ、『裁かれた命』の長谷川さん、あるいは『教誨師』に出てくる何人かの死刑囚のケースも、突き詰めると、みんな家庭の問題ですね。

堀川　根っこは同じです。やればやるほど、そこから漏れる例外が見つからないという、親子の問題です。そういう意味では永山則夫事件はずいぶん前の忘れられた事件だとおっしゃったけれども。

——きわめて今日的な問題ですね。

堀川　まったく今日的。むしろ核家族化が進んで、周りに見守る人や叱ってくれる人たちがいなくなった分、潜むようになって、なおかつ起きる現象としては歯止めがきかず残虐になっていく。古今東西変わらない犯罪の根っこにあるのは、家族なんだと実感しました。

永山則夫をここまで書いたのも、今、苦しんでいる人たちに伝えたい話だったからなんです。その一点で書く意味はあると思ったんです。

——最近児童虐待のニュースがものすごく多いですよね。

堀川　背景には必ず親の問題が絡んでいる。やられたことをやるという悲劇が繰り返されている。杉山春さんが『ルポ　虐待』という本である事件を検証されて、非常に良く取材されているなと思いました。逆にこういうことをどうして新聞やテレビはやらないんだろうと思いました。そういう情報が欲しい人が、いっぱいいるはずなのに。ほんとに誰か一人、第三者がそこに入ることによって、「殺す・殺される」という家族の関係が変わる可能性があるのに、どこの社もそこまでやらない。みんなで殺した親のバッシングで終わっちゃう。

——いずれ第2、第3の永山則夫が出てくるでしょうね。

堀川　もう出ていますよ、いっぱい。

二つあると思うんですけど。自分を殺すか、他人を殺すか。

裁判記録を読んだかぎりですけど、他の殺人事件でも犯人の生い立ちに児童虐待があることが疑われるケースがよくあります。そういう子でも善意の第三者が現れて救ってくれるケースも、たぶん圧倒的にあると思うんです。けれども誰にも救われない人も、やっぱり出てくる。

――結局、母と子どもの関係？

堀川　これを言うと、フェミニストの人たちから叱られるから言い方が難しいんですが、それでも究極は母親だと思うんです。そして、それをフォローできる、助けてあげられる父親も社会的な部分で重要な存在と思います。でも、動物的にお母さんの中から生まれて、スキンシップを受けて、愛着をたくさんそこではぐくんでという、動物ではなくて人間としての感情の源みたいなところを築いてくれるのは、やっぱりお母さん、もしくはそれに代わる母親的な存在だと思うんです。

そういうものが欠落すると、子どもにはきついですよ。

お母さんが安心して、子どもに愛情を注いだり、しんどくてもしんどいなりにスキンシップを図ろうと努めたりできる環境をつくれるのが、やっぱりお父さん。それで家族なんだと思うんですよ、当たり前のことですけどね。夫婦仲が悪ければ、子どもに当たることになる。しわ寄せは家庭の中で一番立場の弱い子どもに向かうのは世の常ではないでしょうか。

――非常に普遍的な家族の話ですね。

堀川　普遍的なんですよ。図らずも、ここに落ち着いたなという感はあります。

――堀川さんは次にどんなお仕事をなさろうとお考えですか。

堀川　去年（２０１３年）の夏から来年（２０１５年）の夏まで2年がかりで、広島の戦後史の取材に取り組んでいます。戦後70年なので。広島時代から、ずっとやり残しているネタがひとつあって、ようやくそれに去年から取り掛かっているところです。

ただ戦後60年を取材したときと、今回の70年で、この10年間の時の経過が、こんなにも重たいものかと思いまして。皆さん亡くなって、証言そのものも怪しくなってきています。それこそ、どこであきらめるか、その誘惑と戦う日々です。

（インタビューは２０１４年7月1日）

堀川恵子氏の主な著作

『死刑の基準 「永山裁判」が遺したもの』(2009年、日本評論社)
『裁かれた命 死刑囚から届いた手紙』(2011年、講談社)
『永山則夫 封印された鑑定記録』(2013年、岩波書店)
『教誨師』(2014年、講談社)
共著『チンチン電車と女学生 1945年8月6日・ヒロシマ』(小笠原信之との共著。2005年、日本評論社)
共著『日本の戦争 BC級戦犯 60年目の遺書』(田原総一朗との共著。2007年、アスコム)

堀川氏おすすめノンフィクション

●沢木耕太郎『テロルの決算』……大学生のときに読みました。集団行動が苦手な私にとって右翼の山口二矢の大人に対する怒りや気持ちが共感できました。年をとって読むと浅沼稲次郎にひかれます。歴史的な一瞬を捉えたノンフィクションですが、死者である二人の人間への迫り方が深いのです。
●マイケル・ギルモア『心臓を貫かれて』……家族でないと書けない家族の闇。あれは第三者では書けない。第三者の取材では、あそこまで行けない。ほんとうの真実はこのへんにあるということを感じることができる。家族の中では愛も憎も他人の何倍も深くなるという、そんな片鱗を感じた本でした。

●奥崎謙三『ヤマザキ、天皇を撃て！〝皇居パチンコ事件〟陳述書』……戦後日本に対する告発の書。狂気と正気が紙一重という人間の叫びに、真実の凄みを感じます。

あとがきにかえて――ヤング・パーソンズ・ガイド

本書は、「はじめに――本書に至る経緯」で書いたような問題意識のもと、朝日新聞社の有料ウェブサイト「WEBRONZA」で2013年3月18日から断続的に連載したシリーズ「ジャーナリズムを考える」を母体としつつ、全面的に改稿した。同シリーズに登場していただいた角幡唯介、高橋篤史、安田浩一、長谷川幸洋、坂上遼（小俣一平）、杉山春の6氏に対しては、出版にあたって再度インタビューをし、内容を大幅に刷新するとともに、さらに大治朋子、栗原俊雄、大塚将司、堀川惠子の4氏を加えている。

10氏は、私がその人の著作や新聞、雑誌などの記事を読んでみて、会って話を聞いてみたいと思った人を対象に選んだ。ジャーナリズムの世界で優れた業績を上げてきた人たちから話を聞くことは、名プレーヤーとのセッションで伴奏を務めさせてもらうようなスリリングなひとときだった。

バックグラウンドも専門分野も違う10氏だが、意外にも方法論に一定の共通要素がある。彼ら彼女らの話を総合すれば、いまジャーナリズムの世界で働く中堅・若手にとって汎用的な方法論や指針・姿勢となるだろう。

企画力がすべて

新聞や放送のかなり多くのニュースは当局発表に依存している。朝日、毎日、読売の三大紙の朝刊に占める発表モノの記事の面積比率は49〜55％を占め、発表モノに少し独自の味付けをした記事を入れると60％にもなる。解説記事などを含めて発表モノに端を発してつくられた記事まで含めると、紙面の面積における発表依存度はなんと80％に達する（注1）。

しかも新聞記者が特ダネと称する記事の少なからずは、実は当局者（官公庁、捜査機関、大企業）のリークか、少なくとも当局者の意図に沿う報道にすぎない。発表の直前に掲載されることの多いリーク型の特ダネ記事は、読者や視聴者の視点に立てば、発表モノと何ら変わらない。こうした記者クラブ型とも呼べる報道は、常に当局者に依存し、発表主体である当局の動きに受動的になりがちだ。クォリティーペーパーといわれること

注1　小俣一平、『新聞・テレビは信頼を取り戻せるか』（2011年、平凡社新書）、64〜68ページ。

がある日経新聞だが、海外メディアからは「大きな『企業広報掲示板』」「大量のプレスリリースの要点をまとめてさばいているだけ」と辛辣に批評されてもいる（注2）。

それを脱するには、発表主体に距離を置き、報道の主導権を自分が担えばいい。状況に身を任せず、自分が「企画力」を身に着ければいいだけのことだ。自身の問題意識や発見したストーリー、あるいは切り口を起点にする。

角幡唯介氏は朝日新聞の支局勤務時代、「こういうことをやりたいと企画を提案するとやらせてくれ」しかも「やりたいテーマで記事を書けた」と言う。つまり彼の場合、入社してまもない段階から自身に企画力があったわけだ。

毎日新聞の大治朋子氏は、支局からいきなり政治部や経済部のような本社の出稿部ではなく、週刊誌の「サンデー毎日」編集部に配属されたことがその後の記者生活に大いに役立ったと言っている。なぜならば、発表主体に対して受け身の姿勢で記事をつくる新聞や放送局の報道部門と違って、「週刊誌はまず自分で企画しなくちゃいけない」ため、ならば「（自分が）興味を持っていることを記事にしたい」。ゆえに〝企画力〟を身に着けざるを得なかったからである。私も週刊誌の編集部と新聞の編集局の双方に身をおいたことがあるので、大治氏の指摘する点はよくわかる。

朝日や毎日よりも報道の自由の場が相対的に狭いと考えられる日刊工業新聞に在籍していた高橋篤史氏は、業界に対して批判的な記事を載せたがらない日刊工のカルチャーのなかにあっても、「（部長やデスクに）何度か交渉すれば、辛口の記事を載せることもできました」と話している。

「週刊宝石」出身の安田浩一氏からすれば、そうした自発的な企画力を記者の側が身に着けておくことは当たり前すぎるほど当たり前のことだ。新聞やテレビのニュースと違って、市場で取引される週刊誌や月刊誌は読まれる（売れる）記事を載せないと成り立たない。横書きの発表文を縦書きにして要約すれば、仕事をやったような気になれる新聞とはそこが全然違う。「僕はずっと『雑誌屋』で生きてきたので、人がやりたがらないのをやりたい、大勢に飲み込まれたくない」という矜持は、だからこそ生まれる。

こうした企画力の発展形が、坂上遼（小俣一平）氏の定義に従えば、「①自分が取材しなければ誰も気がつかないことを、②自分で掘り下げて取材、あるいは企画」するという広義の調査報道である。

注2　マーティン・ファクラー、『「本当のこと」を伝えない日本の新聞』（2012年、双葉新書）。

ジャーナリズムの世界の外側にいる人は怪訝に思うかもしれないが、こんな当たり前のことをつらつらと書いてきたのは、実は「これをやりたい」という意欲を持つ記者が意外に少ないからである。私は、勤め先の新聞社でいくつもの職場を転々としたが、入社した四半世紀前ごろは5人に1人ぐらいの割合でいたのに比べ、最近では20人に1人ぐらいの比率ではないかと思っている。当局がリリースする発表モノや事件・事故など発生モノにかなりの程度依存しきっており、自分で端緒を見つけてストーリーに展開する力を持つ人はそもそも少ない。各社どこもそうだろうが、①発表モノ・発生モノ、②上司（デスク）から言われたもの、③他紙に抜かれたものの追いかけ――の3パターンの記事が一線の中堅・若手記者の仕事の大半を占めている。

これといってやりたいことを持たない記者が増えてしまい、そもそも企画の提案自体が出てこない。企画提案会議に出席しない。出てきても案を出さない。企画力が生命線である雑誌の編集長のなり手は久しく不在である。誰しも楽な社内官僚のようなポストに就きたがる。そんな傾向が報道機関の内部で近年強まってきたように思う。

角幡氏のように、振り出しの支局で関西電力の排砂問題に「義憤」を感じ、「我々マスコミはなめられている」「関電のウソを絶対に暴いてやろう」と思い立つ記者は、もはや例外的な、絶滅危惧種になりつつある。だから埼玉県版で長期の連載企画を管内の記者に募っても、彼ぐらいしか遂行できる記者がいなかったのではないかと思う。

そもそも採用の仕方に問題があると思うのだが、どこの新聞社も放送局も大手総合商社やメガバンクと併願するようなタイプの受験エリートを採用しがちで、クリエイティブな仕事やチャレンジングな仕事には、はなから向かないタイプが多い。こうしたタイプは、リスクを極度に忌避し、取材先におもねり、相手をおもんぱかった記事を書きがちだ。取材先に過度におもねる記者は、組織内ではむやみに上司にゴマする茶坊主になる。

受験エリート出身者は上昇志向が人一倍強い。しかも管理職になると、やたら管理したがる。「自由」がジャーナリズムのダイナミズムを生む最大の源泉なのに、若いころから記者としてのデキが悪かった人には、その基本的なことがわからない。

体験的方法論

書きたいことが決まれば、あとは技術的な問題に過ぎない。取材にあたって戦術面をより強化させればいい。

大治氏はインタビューの成否は事前の準備に負うところが大きいという。相手に会う前に可能な限り相手のことを調べ上げてのぞむ。しかもインタビューをしている際に具体的な原稿の最終形をイメージしておく。こうすれば、漫然とした会話にならない。あとになって記事に必要な要素を聞き漏らした、データが足りない、と困ることも抑えられる。事前の準備がしっかりしていて、こちら側がある問題に相当精通していると相手に思われるようになると、大塚将司氏が言うように「向こうから」会いたいと思われるようになる。

私の場合は、ノートにあらかじめ質問項目を列記し、一定の流れを想定してインタビューにのぞむようにしているが、大治氏の場合はそれより一歩進めて「インタビューの直前になってあらかじめ用意していた質問の順番――インタビューのシナリオを全部捨てる」ようにしているという。その場の空気を読んで、当意即妙の即興的な要素を組み込んでいるらしい。

彼女がこうした創意工夫した取材手法を若いうちに身につけることができたのは、たまたま配属された週刊誌の「サンデー毎日」編集部にいたからだったという。高橋篤史氏は「週刊東洋経済」に、安田浩一氏は「週刊宝石」に在籍していたし、長谷川幸洋氏は「月刊現代」や「週刊現代」で、坂上遼（小俣一平）氏は「週刊文春」でそれぞれ原稿を書きまくっていた。新聞の記事はとても短いうえ、重要なことを先に書き重要度の低い事柄を後に回す独特の逆三角形の形態のため、いくら新聞記事を書いても、ノンフィクションを書き下ろすような構成力や文章修練はおぼつかない。

それに比べると雑誌は、「記者を鍛える場」と坂上（小俣）氏は言う。「記事のスタイルが新聞やテレビ局のニュース原稿のように定型化していない」（坂上＝小俣氏）ためである。つまり雑誌は日本のジャーナリズムの底上げに大いに貢献してきた。

もっとも販売不振から２０００年以降、雑誌の廃刊が相次ぎ、生き残った週刊誌や月刊誌も即物的な売り上げを見込める記事やコストがかからずリスクもない安直な記事の掲載を多用するようになり、かつてのような調査報道的なインサイドストーリーやスクープに誌面を割くことが減ってきている。新聞社や放送局の記者がアルバイト原稿を書ける場は一部の情報誌しかないのが現状だ。後続の世代にとって、雑誌の場による武者修行がしにくくなっている。

そして、ひとたびやろうと思ったら、決してあきらめてはいけない。堀川惠子氏のように「身体が動かなくなるまで」粘る。何度も通えば「マスコミに絶対に会わない」と言っているような人でも会ってくれると杉山春氏も言う。「（取材を）拒否されても何回でも行く」（堀川氏）、「何度も繰り返して、あきらめない」（杉山氏）という姿勢は重要だ。最近は各社横並びでメディアスクラムを組んで取材対象者に押し掛けるが、そんな騒動からほんの1、2ヵ月もたてば潮が引いたように誰も行かなくなる。そんなときこそが実は、取材相手が本音や真相を語ってくれる好機である。組織ジャーナリストは転勤や配置換えが常にあるが、転勤したり持ち場が変わったりしても、「これは」と思える仕事は継続的に追いかける執念と情熱を持つべきである。

問題意識があり、やり続ける強い意思を持ち、取材して書く技術があれば、早いうちに思い切って本（ノンフィクション）を書き下ろしたほうがいい。栗原俊雄氏は、安定した収入があるうえ取材に関する費用を会社側が負担してくれる組織ジャーナリストは、ノンフィクションの執筆を「義務として遂行しなければならない」と語る。彼自身「これは」という仕事は確実に本に上梓すべく考えているといい、「新聞記者は自分が持っているコンテンツの力に気がついていない」「紙幅の制約で伝えられない、伝えるべき事実を本によって広く伝えるべきだ」と説く。ノンフィクションの執筆を、いわば社会的な責任ととらえている。

新聞社の編集委員や論説委員、放送局の解説委員を長く勤めていながら単著がないというのは、実はその力がないということである。組織ジャーナリストの中には、いずれ定年後にものにしようと考える人もいるかもしれないが、馬齢を重ねれば重ねるほど集中力や根気が衰える。私は、組織ジャーナリストは30歳代のうちに一冊出版したほうがいいと思っている。それによってもたらされるプラス効果が大きいからだ。新聞記事やテレビのニュース原稿を執筆するのとは、比較にならないほどの大量の取材をしなければならないため取材力が飛躍的に向上する。重層的・多角的な取材によって取材内容も精緻になる。集めてきた取材データを深く立体的に精査する分析力も身につけることができる。文章の表現力も向上する。取材メモや資料の保管の仕方などさまざまな面の改善が図られる。こうしたスキルアップを日常の取材や記事執筆にフィードバックさせれば、結果として組織ジャーナリストとしての日常業務の能力の向上に役立てることができる。

さらに昔の左翼ジャーナリストのようにイデオロギーに縛られないことが賢明だ。左翼的な立論の仕方は、「富めるもの＝悪 vs 貧しいもの＝善」「自民党＝悪 vs 野党＝善」などと勧善懲悪的な単純な図式的な考えに陥りがちだ。しかしながら事実は小説より奇なりで、取材を進めるとそうした図式通りにはいかないことがよくわかる。自民党の政治家の方が野党の政治家よりも有能であることはしばしばだし、「弱者」と思われたものが実は「弱者のふりをした強者（既得権益享受者）」だったということがありうる。イデオロギーや理念に依拠して現実を判断するという手法をとると、辻褄があわない、説明がつかないことばかりになる。「理念先行、イデオロギー先行というのは、議論が浮世離れしちゃう」「あるべき理念から物事を評価するから『現実はおかしい』『間尺に合わない』みたいな話になってしまう」（長谷川幸洋氏）からだ。同様に右翼やアウトローにかぶれて、相手におもねる記事しか書けないのも考えものだ。

イデオロギーを排し、取材対象（発表主体）と距離をおき、是々非々の立場で実証的な取材を進めるのがいい。これこそが求められるジャーナリストの基本姿勢だと私は考えている。

組織との付き合い方

ジャーナリストになるには、組織に入らないフリーランスでスタートするよりは、新聞社や放送局などに正社員として属したほうがいい。長谷川氏は、そこで基本的なスタイルの記事（ふつうの雑報形式の記事のこと）を書くことが学べる利点を認める。警察取材から始まって市役所や県庁の取材、選挙や高校野球などスポーツの取材を通じて、記者として身につけたほうがいい振る舞い方を若いうちにたたきこまれる。しかも給料までくれる。経費までみてくれる。私はかつて会社の先輩に「俺たちの仕事は3日やったらやめられない仕事だ。給料をもらうのではなく、こっちがお金を払ってでもやりたい仕事だ」と言われたが、そのとおり、やり甲斐があり意義がある仕事と思う。

大手の報道機関であればあるほど、晴れ舞台に出くわすチャンスが増える。「メジャーなところにいると大きな舞台を取材できるし、たくさんの人々に発信もできます」と大治朋子氏は言う。テレビだと視聴率1％は100万人といわれ、せいぜい数万部がやっとのノンフィクションとは比べ物にならないほどの瞬間的な影響力がある。

組織の中では、会社の看板を背負うようなエース記者をめざすのが王道だ。エース記者ならば海外出張は自由に行けるし、紙面も得やすい。社外活動もかなり自由になる。私の勤務先で言えば、本多勝一、筑紫哲也、船橋洋一、山田厚史各氏のようなエースを、まずは目指すべきだ。

反主流や傍流、異端の記者でも、組織を利用し尽くすということを考えたほうがいい。長谷川氏が「記者もずるがしこく考えて、とことん今のゆるい環境を利用しちゃえばいい」と言うように、新聞社や放送局は日本の企業社会の中ではまだまだ相対的に自由度はあるほうだ。

報道機関といってもサラリーマン社会なので、左遷されて閑職においやられることもある。そのときは勉強のチャンスととらえる。長谷川氏は自身の左遷経験を踏まえて「会社で冷や飯をくっているときが、実は時間があるから、勉強するチャンス」と言う。堀川氏も干されている間に、記者クラブから離れて自分でネタを見つけてくる楽しさを覚えた。あるいは坂上（小俣）氏の「無念」のように新たなパワーに転化するきっかけともなる。

所属している組織の中に問題や不正があることもある。坂上（小俣）氏はＮＨＫのドンだった島桂次氏の金銭スキャンダルを知り合いの検事からキャッチしたし、大塚将司氏は日経の鶴田卓彦社長（当時）が通いつめた赤坂のクラブに張り込んで鶴田の動きを調べ上げた。私の勤務先のＯＢは、自身が幹部として在籍した朝日新聞社について「第一線の記者たちへの処罰はいとも簡単に行うのに、社長や役員などの幹部の責任になると、ほとんど追及されることがなく、いや、追及の声さえあがらないことが多いのだ」

（注3）と指摘している。上に行けばいくほど責任はうやむやにされる。責められるのは下っ端の記者ばかり。本来責められるのは彼ら最高の経営責任者たちなのに、そうなっていない。

米国ではウォール・ストリート・ジャーナルのサラ・エリソン記者が、メディア王ルパート・マードックの買収攻勢に屈して陥落した様子を詳細なノンフィクション『ウォール・ストリート・ジャーナル陥落の内幕』（2011年、プレジデント社）に仕上げた先行事例がある。社内上層部の腐敗や不正行為、あるいは勤務先の報道機関の経営危機の端緒をつかみ次第、観察対象とするべきである。大塚氏は日々の取材メモを作成するかたわら、勤務先の日経社内で見聞きしたこともメモにして記録を保管してきたという。北海道新聞が警察に屈服したことを告発した高田昌幸の『真実』（2012年、柏書房）という好著もある。

上層部の不正を糺すことを常に選択肢の一つに入れておくべきである。ジャーナリズ

注3　川﨑泰資、柴田鉄治、『検証　日本の組織ジャーナリズム　NHKと朝日新聞』（2004年、岩波書店）、129ページ。

ムの会社の深奥で起きていることも報道に値するのだ。

センティピード「Septober Energy」を聴いて——。

2014年7月9日
大鹿靖明

P.S. 最後に私もおすすめを。ロジャー・ローウェンスタイン、『天才たちの誤算 ドキュメントLTCM破綻』(2001年、日本経済新聞社)、ブライアン・バロー&ジョン・ヘルヤー、『野蛮な来訪者 RJRナビスコの陥落』(1990年、日本放送出版協会)。

そしてもう一冊。カール・バーンスタイン&ボブ・ウッドワード、『大統領の陰謀 ニクソンを追いつめた300日』(1980年、文春文庫)。

参考・参照文献

●野村進、『調べる技術・書く技術』（２００８年、講談社現代新書）
●小俣一平、『新聞・テレビは信頼を取り戻せるか　「調査報道」を考える』（２０１１年、平凡社新書）
●川村二郎、『夕日になる前に　だから朝日は嫌われる』（２０１０年、かまくら春秋社）
●川﨑泰資、柴田鉄治、『検証　日本の組織ジャーナリズム　ＮＨＫと朝日新聞』（２００４年、岩波書店）
●島桂次、『シマゲジ風雲録　放送と権力・40年』（１９９５年、文藝春秋）
●永田浩三、『ＮＨＫ、鉄の沈黙はだれのために　番組改変事件10年目の告白』（２０１０年、柏書房）
●放送を語る会編、『ＮＨＫ番組改変事件　制作者９年目の証言』（２０１０年、かもがわ出版）
●マーティン・ファクラー、『「本当のこと」を伝えない日本の新聞』（２０１２年、双葉新書）
●サラ・エリソン、『ウォール・ストリート・ジャーナル陥落の内幕』（２０１１年、プレジデント社）
●牧野洋、『官報複合体』（２０１２年、講談社）
●高田昌幸、『真実　新聞が警察に跪いた日』（２０１２年、柏書房）

講談社現代新書　2276

ジャーナリズムの現場《げんば》から

二〇一四年八月二〇日第一刷発行

編著者　大鹿靖明《おおしかやすあき》

発行者　鈴木　哲

発行所　株式会社講談社

東京都文京区音羽二丁目一二—二一　郵便番号一一二—八〇〇一

電　話　出版部　〇三—五三九五—三五二一

販売部　〇三—五三九五—五八一七

業務部　〇三—五三九五—三六一五

装幀者　中島英樹

印刷所　大日本印刷株式会社

製本所　株式会社大進堂

定価はカバーに表示してあります　Printed in Japan

N.D.C. 071　349p　18cm
ISBN978-4-06-288276-7

「講談社現代新書」の刊行にあたって

教養は万人が身をもって養い創造すべきものであって、一部の専門家の占有物として、ただ一方的に人々の手もとに配布され伝達されうるものではありません。

しかし、不幸にしてわが国の現状では、教養の重要な養いとなるべき書物は、ほとんど講壇からの天下りや単なる解説に終始し、知識技術を真剣に希求する青少年・学生・一般民衆の根本的な疑問や興味は、けっして十分に答えられ、解きほぐされ、手引きされることがありません。万人の内奥から発した真正の教養への芽ばえが、こうして放置され、むなしく滅びさる運命にゆだねられているのです。

このことは、中・高校だけで教育をおわる人々の成長をはばんでいるだけでなく、大学に進んだり、インテリと目されたりする人々の精神力の健康さえもむしばみ、わが国の文化の実質をまことに脆弱なものにしています。単なる博識以上の根強い思索力・判断力、および確かな技術にささえられた教養を必要とする日本の将来にとって、これは真剣に憂慮されなければならない事態であるといわなければなりません。

わたしたちの「講談社現代新書」は、この事態の克服を意図して計画されたものです。これによってわたしたちは、講壇からの天下りでもなく、単なる解説書でもない、もっぱら万人の魂に生ずる初発的かつ根本的な問題をとらえ、掘り起こし、手引きし、しかも最新の知識への展望を万人に確立させる書物を、新しく世の中に送り出したいと念願しています。

わたしたちは、創業以来民衆を対象とする啓蒙の仕事に専心してきた講談社にとって、これこそもっともふさわしい課題であり、伝統ある出版社としての義務でもあると考えているのです。

一九六四年四月　野間省一